AF455397

ÉMILE COUÉ

SA MÉTHODE, SON ESPRIT, SON INFLUENCE

PAR

FRANK ABAUZIT, CHARLES BAUDOUIN,
LE Dr BERNOULLI, LE Dr BESSE, LE Dr BOVEN, PIERRE BOVET,
LE Dr BRANTMAY, Mme CHABAL, ALPHONSE DE CHATEAUBRIANT,
LE Dr EDOUARD CLAPARÈDE, HANS DRIESCH, ADOLPHE FERRIÈRE,
FRANÇOIS FRANZONI, MAGALI HELLO, LE Dr PIERRE JANET,
LE COMTE DE KEYSERLING, LE Dr LESTCHINSKI, Mlle SOPHIE LORIÉ,
G.-E. MAGNAT, LE Dr MONIER-WILLIAMS, HENRI MUGNIER,
LE Dr CHARLES ODIER, EDEN AND CEDAR PAUL,
LE Dr G. RICHARD, PIERRE SALZI,
ANDRÉ SECRETAN, OTTO SEELING
et LE Dr FRANZ VÖLGYESI.

Avec un portrait et deux autographes.

Ouvrage publié sous les auspices de l'Institut international
de Psychagogie et de Psychothérapie.

PARIS
LIBRAIRIE FÉLIX ALCAN
108, Boulevard Saint-Germain

1928

Imprimé en Suisse

ÉMILE COUÉ

SA MÉTHODE, SON ESPRIT, SON INFLUENCE

EMILE COUÉ

ÉMILE COUÉ

SA MÉTHODE, SON ESPRIT, SON INFLUENCE

PAR

FRANK ABAUZIT, CHARLES BAUDOUIN,
LE Dr BERNOULLI, LE Dr BESSE, LE Dr BOVEN, PIERRE BOVET,
LE Dr BRANTMAY, Mme CHABAL, ALPHONSE DE CHATEAUBRIANT,
LE Dr EDOUARD CLAPARÈDE, HANS DRIESCH, ADOLPHE FERRIÈRE,
FRANÇOIS FRANZONI, MAGALI HELLO, LE Dr PIERRE JANET,
LE COMTE DE KEYSERLING, LE Dr LESTCHINSKI, Mlle SOPHIE LORIÉ,
G.-E. MAGNAT, LE Dr MONIER-WILLIAMS, HENRI MUGNIER,
LE Dr CHARLES ODIER, EDEN AND CEDAR PAUL,
LE Dr G. RICHARD, PIERRE SALZI,
ANDRÉ SECRETAN, OTTO SEELING
et LE Dr FRANZ VÖLGYESI.

Avec un portrait et deux autographes.

Ouvrage publié sous les auspices de l'Institut international
de Psychagogie et de Psychothérapie.

PARIS
LIBRAIRIE FÉLIX ALCAN
108, Boulevard Saint-Germain

1928

A MADAME EMILE COUÉ

qui fut pendant tant d'années la compagne aimante et la discrète collaboratrice de son mari

nous offrons respectueusement cette gerbe de souvenirs, d'études et de réflexions.

ÉMILE COUÉ

Il était trapu; il n'était pas très grand; une force ramassée et tranquille. Le front haut; un beau front largement découvert; les cheveux rejetés en arrière, un peu raréfiés, tout blancs; la barbe en pointe et toute blanche. Le visage robuste et jeune, coloré, aimant la vie: un visage presque jovial dans le rire, presque futé dans le sourire. Des yeux au regard droit où luisait une bonté ferme; des yeux petits, scrutateurs, qui se fixent et pénètrent, qui se font soudain plus petits encore dans un plissement malicieux, ou se ferment presque dans la concentration, sous le front plus tendu qui semble alors grandir. La parole simple, enjouée, encourageante, portée à la parabole familière et à l'anecdote; l'allure toute simple et naturelle, sans rien de maniéré; l'allure d'un homme que l'on sent prêt, à chaque instant, à ôter sa veste pour donner un coup de main: telle est l'image que gardent tous ceux qui approchèrent Emile Coué, et Dieu sait s'il sont nombreux, car il n'y eut jamais au monde d'homme plus accessible.

S'étant fait lui-même, il ne reniait pas ses origines plébéiennes. On sentait qu'il aimait le peuple d'une sympathie vraiment organique. Il naquit à Troyes en Cham-

pagne, le 26 février 1857. Il grandit dans un milieu des plus modestes ; son père était homme d'équipe à la Compagnie de l'Est. Grâce à la sollicitude de ses parents il put faire cependant des études régulières, jusqu'au baccalauréat ès lettres. Ensuite, comme il se sentait porté vers les sciences, il prit sur lui, ce qui est déjà un beau signe de ténacité, de préparer tout seul le baccalauréat scientifique. Un premier échec ne le décourage pas ; il revient à la charge, il atteint son but. Il est alors à Montmédy, où son père était employé à ce moment-là. On peut se représenter son enfance ballottée entre différentes petites villes du même pays, dans ce milieu modeste des employés de chemins de fer de la région de l'est : petites gens, mais braves gens ; serviables, bienveillants, laborieux, consciencieux, foncièrement honnêtes. Chez Emile Coué, jusqu'à la fin, même dans cette dernière période où lui vint une réputation qui touche à la gloire, il était beau de retrouver inaltérés tous ces traits de caractère, toutes ces solides vertus du petit peuple. « M. Coué est d'abord pour nous le type du brave homme », disait un jour devant nous un professeur d'Université, en lui souhaitant la bienvenue dans un cercle d'amis.

Tout jeune, Emile Coué avait résolu de se consacrer à la chimie. Mais le père dut rappeler à son fils qu'il était trop pauvre pour cela et qu'il s'agissait pour lui de gagner sa vie. Cette lutte entre une vocation scientifique et les nécessités de l'existence se termina par un compromis assez piquant : sur le conseil de son père, Emile Coué se décida à faire de la pharmacie, qui est en effet une manière de chimie pratique et utilitaire. Mais cette chimie-là ne pouvait pleinement satisfaire le chercheur. Nous avons ici un exemple de « dérivation » ou de « compensation » fait pour réjouir un psychanalyste. Nous pouvons aisément nous représenter le jeune homme dans le laboratoire de son officine, à Troyes, chimiste par le désir et le penchant de son esprit, pharmacien en réalité, comprenant très bien que tout lui manque pour devenir un vrai chimiste, à la fois des études spéciales et tout le matériel d'expériences, et se tournant alors d'instinct vers une autre chimie qui n'exige pas de matériel coûteux et dont chacun porte avec lui le laboratoire : la chimie des pensées et des actes humains. Il y a, chez Emile Coué, du chimiste « rentré » qui est ressorti psychologue. Il est bon de le savoir pour comprendre un des caractères de sa psychologie ; elle est atomique, à l'ancienne mode ; elle se représente les réalités mentales comme des choses matérielles, solides, qui se juxtaposent, s'opposent, se superposent à la façon de corps ou d'atomes. Quand il nous parle d'une « idée » ou de « l'imagination » ou de « la volonté » il en parle comme s'il s'agissait de corps simples, de combinaisons, de réactions. Il reste étranger à cette notion si importante de la continuité psychologique que nous ont apportée William James et Bergson. Aussi faut-il reconnaître que sa psychologie, du moins au point de vue théorique, reste volontairement simpliste ; et devant elle, les théoriciens et les raffinés font un peu la grimace.

Du reste on peut dire qu'il le leur rend bien; il a pour les raffinements théoriques un souverain mépris, un mépris de chirurgien. Il ne songe pas à couper les cheveux en quatre; il y va carrément. Sa forte nature, plébéienne est celle d'un homme d'action, qui n'a guère de sympathie pour le pur intellectuel, celui qui vit dans l'abstraction. Si la chimie l'attire, c'est qu'elle est une science où l'on manipule. Dès qu'il prit sa retraite de pharmacien, Emile Coué vint s'établir à Nancy. Mais il n'y resta pas inactif. Entre ses voyages, ses conférences, ses innombrables consultations, il trouvait moyen de cultiver, de ses propres mains, ses pommes de terre et ses légumes: il montrait avec fierté ses mains calleuses. Dans ses rares loisirs il lui est même arrivé de faire le statuaire et de modeler quelques bustes. Il y a vraiment en lui un besoin de palper de la matière. On peut dire qu'il s'efforce de manier la matière psychique comme une vraie pâte à modeler; et il voit surtout dans la pensée une force capable de pétrir et de transformer le corps humain. Sa ligne est rigoureusement simple: sa psychologie est une idéoplastie; c'est ce qui en fait la puissante originalité. Bergson lui-même n'a-t-il pas dit que si l'esprit est proprement continuité et fluidité, il doit néanmoins, toutes les fois qu'il veut agir sur la matière, se modeler sur elle, en épouser la solidité, la grossière discontinuité, se penser lui-même comme s'il était espace, comme s'il était matière. Il est donc naturel que la psychologie d'Emile Coué, essentielle-

ment pratique, fût une psychologie tout à fait sommaire. En marquant ici ses limites, nous ne devons pas trop les déplorer. C'est en se limitant de la sorte que la pensée devient action.

* * *

C'est à vingt-huit ans, en 1885 que le petit pharmacien de Troyes rencontra pour la première fois le docteur Liébeault : rencontre qui décida de sa vie. Il y avait entre ces deux hommes de véritables affinités. Liébeault était un simple médecin de campagne, sans ambition ni prétention et qui avait tout simplement du génie. Le premier, il dégagea nettement le phénomène de la suggestion, et fit avec cela des espèces de miracles. Il avait fini par s'établir à Nancy, où il devait trouver, dans la personne de Bernheim, le disciple et le théoricien par qui ses idées s'ouvrirent le chemin du monde. L'histoire d'Emile Coué devait être assez semblable. Il montra la même modestie. Il n'alla pas de lui-même vers les hommes, mais il les laissa venir à lui ; ce furent d'abord quelques voisins ; plus tard beaucoup d'Anglais passaient la Manche et même des Américains passaient l'Atlantique pour venir le trouver à Nancy. Et il s'étonnait alors, avec la naïveté des honnêtes gens et des hommes de génie, il s'étonnait de voir son idée en train de conquérir le monde.

Après avoir suivi quelques-unes des expériences de Liébeault, Coué se mit à étudier et à pratiquer la sug-

gestion hypnotique. Il avait saisi d'emblée les promesses qu'elle recélait; mais il trouvait dans la pratique de Liébeault quelque chose de flou qui le gênait: « cela manque de méthode », disait-il; son tempérament positif et concret, son besoin de « palper » se trouvait mal à l'aise devant cette réalité encore fuyante et capricieuse. En attendant d'avoir trouvé une méthode vraiment pratique, il observait de son mieux tous les faits qu'il trouvait devant lui. S'il avait peu de goût pour la théorie pure, il avait un merveilleux don d'observateur. Ce qu'il y a de plus neuf et de plus fécond dans sa doctrine, c'est dans l'observation qu'il l'a puisé. Il observait tout de son regard pénétrant, malicieux et bon. Faisant de nécessité fortune, il avait trouvé dans son métier même un champ fertile d'observations. L'action capricieuse des remèdes, la portée d'une parole bien placée jointe au flacon, la guérison d'un mal rebelle par un composé fort anodin, tous ces faits de la vie quotidienne prirent pour lui un sens nouveau; ils s'enregistrèrent dans sa mémoire, dans son « inconscient », préparant doucement en lui l'élaboration de sa thèse future, celle de l'autosuggestion.

Cependant, les idées de l'école de Nancy avaient fait du chemin. En Amérique, elles commençaient à être exploitées et vulgarisées. Avec la réclame tapageuse qui fleurit aux Etats-Unis, on annonçait partout, même dans les journaux d'Europe, des brochures dont les unes étaient envoyées gratuitement et les autres à grand prix d'argent. Emile Coué apprit l'anglais tout exprès pour pouvoir les lire lui-même dans leur texte original, car il pensait qu'il y avait dans ce fatras, malgré tout, quelque chose à prendre. Dans une de ces brochures américaines, « fort indigeste », nous disait-il, il trouva du moins des indications d'expériences qu'il eut la patience d'essayer, et où il crut trouver les bases nécessaires pour cette méthode qu'il recherchait depuis sa rencontre avec Liébeault. Nous sommes alors en 1901. A ce moment, Coué pratique l'hypnose. Sa méthode, qu'il commence d'appliquer, conduit le sujet à l'hypnose par une série de suggestions graduées, faites à l'état de veille.

Mais peu à peu les grandes idées qui vont être son apport personnel se précisent dans son esprit. Elles résultent apparemment de la comparaison entre ses expériences méthodiques et les simples observations courantes qu'il emmagasinait depuis des années. Ce qui expliquait l'action capricieuse et inattendue des remèdes, c'était à coup sûr « l'imagination » du malade. Ne serait-ce pas la même imagination, qui, méthodiquement dirigée dans les expériences graduées, développe dans le sujet les suggestions les plus singulières, jusqu'à l'hypnose elle-même? Et alors, cette passivité, cette incapacité de résistance que manifeste le sujet suggestionné ou hypnotisé, ne serait-ce pas tout simplement le signe que, la volonté et l'imagination étant en conflit, c'est l'imagination qui l'emporte? Or, cette situation n'est pas spéciale aux cas de suggestion systématique et d'hypnose. Dans la vie courante nous voyons à chaque instant le même conflit et le même échec ; et c'est toutes les fois que nous sommes dans l'état de penser : « Je ne puis pas m'empêcher de... » ou « C'est plus fort que moi ».

Nous avons là, en germe, les deux idées fondamentales d'Emile Coué. La première, c'est que toute suggestion est en dernière analyse une autosuggestion et que l'autosuggestion elle-même n'est autre chose que l'action en nous de l'inconscient ou de « l'imagination », incomparablement plus puissante qu'on ne l'avait cru jusqu'ici. La seconde idée est corrélative de la première. Du moment que dans la suggestion ce n'est pas essentiellement le suggestionneur qui agit, mais avant tout l'imagination du sujet, il en résulte que le violent conflit, très réel, que tous les praticiens ont reconnu dans la suggestion et dans l'hypnose, n'est pas le conflit de deux volontés ; c'est surtout le conflit, dans l'esprit même du sujet, entre son imagination et sa volonté. La volonté est médusée par l'imagination.

Cette seconde idée est peut-être l'idée essentielle d'Emile Coué, et la plus féconde. Il l'a creusée avec une perspicacité singulière, et il a pu aboutir à cette loi, que l'un de nous a nommée depuis lors « la loi de l'effort converti », et suivant laquelle non seulement la volonté est impuissante contre la suggestion, mais contribue à nourrir la suggestion qu'elle veut détruire. C'est le cas du cycliste à ses débuts, qui voit un caillou, craint de s'y jeter, fait des efforts pour s'en écarter et ne s'y jette que plus sûrement. C'est le cas du trac, ou bien du fou rire qui s'exaspère d'autant plus, qu'on fait pour le vaincre plus d'efforts.

Ayant reconnu dans l'imagination du sujet le grand levier de toute suggestion, Emile Coué était amené à renoncer à l'hypnose, pour apprendre au sujet à se suggestionner lui-même. Il constata bientôt qu'il était dans la bonne voie, car il obtint des résultats bien supérieurs à ceux qu'il obtenait auparavant. C'est ainsi qu'il put constater l'action de l'autosuggestion même dans les cas de maladie organique.

En 1910 les idées d'Emile Coué formaient un tout cohérent. Dans des séances collectives, où les malades affluent toujours plus nombreux, Emile Coué leur enseigne la pratique de « l'autosuggestion consciente ». Il réalise tous les jours des guérisons surprenantes, et l'on parle un peu partout des « miracles » de Nancy. Cet homme, dont la vie a été dure et laborieuse, se dévoue gratuitement à distribuer, jour après jour, la santé et la joie à tous ces milliers d'êtres qui viennent à lui comme à un sauveur.

De plus en plus, Coué devenait un apôtre. De plus en plus, dans son apostolat, dans son œuvre de grande charité, il s'adaptait au peuple, aux esprits simples qu'il aimait et qu'il sentait tout près de lui. C'est sa grande gloire, et c'est aussi sa limite. Il laisse à d'autres le soin d'adapter l'expression de ses idées aux besoins des plus délicats. Pour lui, d'année en année, il a simplifié cette expression, jusqu'à lui donner une apparence puérile et banale qui étonnait et même qui décevait bien des gens. Mais il faut dire qu'il atteignait par là plus sûrement la foule des hommes, les esprits simples et naïfs qui forment la grande masse de l'humanité.

On a reproché souvent à Emile Coué de répéter toujours la même chose. C'est parfaitement exact. Il avait une idée, à laquelle il tenait, à laquelle il tenait de toutes ses forces. Il savait par expérience le prix de cette répétition monotone et obstinée qu'il recommande pour la pratique de l'autosuggestion. A force de répéter chaque jour à la tribune : « Il faut détruire Carthage », le vieux Caton détruisit Carthage. Une telle obstination est sans doute une limite, mais elle est aussi et surtout une grande source d'énergie. C'est la concentration persévérante de l'esprit sur une même idée qui en fait une idée-force. Sans doute la manière d'Emile Coué ne pouvait pas plaire à tout le monde. Sa bonhomie française poussée à l'extrême a quelque peu scandalisé certains milieux très « comme il faut », par exemple à Genève. La cohue même du succès, cette espèce de houle populaire que suscitait Emile Coué partout où il passait, ont effaré les gens corrects et prudents, qui croyaient voir là du battage, du bluff, presque du charlatanisme. Ils se trompaient du tout au tout, et tous ceux-là le savaient bien qui connaissaient par expérience la modestie et l'abnégation de ce bienfaiteur de l'humanité. Coué, quant à lui, allait tranquillement son petit bonhomme de chemin, sachant qu'on ne peut contenter tout le monde et son père.

Si la doctrine d'Emile Coué reste absolument neutre en matière de métaphysique, elle rejoint cependant les religions en affirmant la puissance de l'esprit sur le corps. Pour qui l'a vu se dépenser sans compter au service des autres, il est impossible de ne pas s'incliner avec respect devant un tel don de soi. Il était lui-même le plus bel exemple et la preuve la meilleure de la valeur de sa doctrine.

* * *

Il nous reste à exprimer ici notre reconnaissance à tous les amis qui ont bien voulu, sous une forme ou sous une autre, collaborer gracieusement à ce recueil. Il y a parmi eux des philosophes, des psychologues, des poètes et douze docteurs en médecine. Il y a parmi eux des Allemands et des Français, des Suisses, des représentants de l'Angleterre, de l'Autriche, de la Hongrie, de la Pologne, de la Russie, etc.; il y a des croyants et des incroyants, des protestants et des catholiques, des orthodoxes et des israélites. Il y a parmi eux des maîtres éminents et de modestes serviteurs de l'humanité. Nous sommes heureux d'avoir pu grouper pour ce témoignage collectif tant de voix diverses, dont l'ensemble, comme on va pouvoir s'en assurer, ne manque point d'harmonie.

CHARLES BAUDOUIN *et* FRANK ABAUZIT.

A la mort d'Emile Coué, M. Alphonse de Châteaubriant publia, dans l'Intransigeant *du 6 juillet 1926, l'article qu'on va lire :*

LE SECRET DU BONHEUR

Bien penser...

Le public français n'a pas appris sans émotion la mort d'Emile Coué, enlevé à son magnifique apostolat par une courte maladie, qui fut bien le prix des prodigieuses dépenses que cet homme de bien fit de ses forces au profit de ses semblables.

Ce digne et grand travailleur, cet isolé, n'eut jamais d'autre crédit que celui qu'il tira de son propre fonds, ne posséda aucun de ces titres qui sont censés consacrer une tête, n'occupa aucune place officielle, ne fut jamais assis dans aucune chaise d'ivoire. Et cependant, ce qu'il fit, dans son absolue modestie et sa parfaite simplicité, lui valut d'être connu et écouté dans l'Europe entière, du Nord au Sud des deux Amériques, dans l'Afrique jusqu'au Cap, et dans l'Asie jusqu'aux Indes.

C'est quelque chose que ce résultat, si l'on songe à tout ce qu'il faut, comme eût dit Anatole France, gouverner de muscles, pour seulement lever le petit doigt. Une pareille renommée ne saurait dans son cas être l'indice d'une vie inutile, ni aller de pair avec une contribution incertaine, confuse ou problématique.

Bien curieux aussi le contraste dans lequel s'oppose cette universalité de son nom et l'apparente petitesse de ce qui le lui a conquis. Car pour ceux qui l'ignoreraient encore, Coué n'est autre que le petit homme qui avait le secret du bonheur, ce petit vieillard entêté, qui, sa valise à la main, sans esbrouffe, s'en allait, de capitale en capitale, colporter sa fameuse formule de la santé : « *Tous les jours, je vais de mieux en mieux* », formule qui, aux yeux de tant de gens, ressemblait à quelque taffetas d'Angleterre présenté pour être appliqué avec foi sur l'immense infortune humaine !

Mais, heureusement, une action relevant des plus strictes méthodes de l'observation scientifique, ne pouvait être mise en péril par le simplisme des ignorants et des étourdis. L'élève de Bernheim et de Liébeault, le patient et profond observateur de la vie qu'était Coué, avait trouvé autre chose qu'une formule magique ou miraculeuse : il avait découvert une loi de l'esprit.

Travaillant sur des données qui n'étaient encore que vaguement connues, remontant le courant du préjugé qui fait de la volonté la faculté maîtresse de l'homme, il démontrait que vouloir n'est pouvoir que dans la mesure où l'on pense qu'on peut ; et que le vouloir, s'il vient à s'exercer en conflit avec cette pensée indispensable, subit une inhibition toujours proportionnelle à l'intensité qu'il déploie.

Petite affaire qui n'a l'air de rien, et qui cependant apporte pour demain dans notre économie et nos habitudes une révolution dont la portée est incalculable.

Car il n'est plus seulement question ici d'efficacité curative (les innombrables cas de guérisons obtenus à la faveur de ce recours méthodique à la puissance créatrice de l'imagination ne sont plus à faire connaître) mais d'un renouvellement, d'une restauration pour ainsi dire des facultés de notre humanité, sous l'influence d'une éducation qui aura pour base ce principe inculqué dès les premiers ans de l'enfance, qu'il s'agit moins, pour agir, de vouloir au sens étroit du mot, que de bien penser, que de diriger son imagination au lieu d'être conduit par elle, que de faire appel à cette espèce de mimétisme intérieur, en vertu duquel l'homme, par la force de réalisation engendrée par les images, se forme et se transforme conformément à l'idéal qui remplit sa vision.

Grande chose, grande pensée, qui relie nos conceptions actuelles aux intuitions de l'ancienne humanité instinctive, qui fait de notre expérimentation positive le creuset où apparaît une fois de plus la preuve que les sagesses antiques ne se sont pas trompées.

* * *

Il existe, aux quatre coins du mausolée de François II, duc de Bretagne, exécuté au seizième siècle par Michel Colombe, quatre statues, dont l'une représente la

Force : une femme jeune, coiffée d'un mufle de lion, moulée dans une souple cotte de mailles, qui tient dans sa main gauche une tour brisée, et dans sa droite le cou du monstre, qu'elle étrangle. Pourtant, pas un des traits de cette femme ne tressaille, aucun effort dans ses fibres, pas une crispation, pas une contraction dans ses muscles.

La volonté, au sens où nous l'entendons, semble totalement absente d'elle. Elle pense, et manifestement elle se contente de penser. Elle pourrait tout aussi bien s'appeler la Pensée. Tout ce qui fait d'elle la Force est là, sous ce front qui s'incline, dans cette région, sous le casque, où se forme et se concentre la vision de la défaite dont elle est l'exécutrice. Cette défaite, elle la pense, elle la voit, et le monstre n'est déjà plus dans sa main qu'un misérable et pitoyable lézard. Magnifique symbole avant la lettre de l'idée que nous a apportée Coué, de l'idée qu'il nous a léguée, idée simple, claire, immense par les conséquences qu'elle fait entrevoir.

Il serait cruel qu'à l'heure où il vient de se taire quelques voix ne se fissent pas entendre pour interpréter et porter devant la mémoire de cet homme, qui fut aussi charitable et désintéressé que clairvoyant, les remerciements de tous les malheureux qu'il a consolés ou guéris.

Alphonse de Chateaubriant

ÉMILE COUÉ
ESQUISSE GRAPHOLOGIQUE

Homme d'une extraordinaire simplicité, qui fut peut-être son plus grand mérite. On chercherait en vain une culture raffinée, ni même une intelligence de grande envergure ; mais on y trouve par contre une belle clarté, certainement due à un gros bon sens qui préserve l'esprit de toute complication.

Esprit sobre, méticuleux, ponctuel, consciencieux jusque et surtout dans les détails. Beaucoup de logique, peu d'intuition. Faculté d'insinuation dans le sens de parfaite honnêteté, parce que dépourvue de toute ruse, mais agissant avant tout par la persuasion et non par la domination.

D'un naturel bon, voire bonace et incapable de défendre ses intérêts.

Tempérament calme et sanguin.

Du cœur et de la bonne volonté, très sociable. En résumé, un homme moyen, mais assez fin, parfaitement honnête, ce qui est rare, et d'une grande énergie ; qui ne se lasse point, et ayant un sens pratique des plus remarquables.

17 octobre 1926.

G.-E. MAGNAT,
graphologue-conseil.

LA PERSONNALITÉ D'ÉMILE COUÉ

VUE A TRAVERS SON ÉCRITURE

par

François Franzoni

L'écriture est une représentation psychologique d'autant plus vivante et naïve que l'homme s'y montre à nu, tout entier, sans choix ni possibilité de contrôle. L'écriture a sa démarche, sa physionomie et sa mimique personnelles, exprimant pêle-mêle (car la vie se moque de nos distinctions et de nos schémas) les impressions fugitives de celui qui écrit, ses dispositions journalières, les variations et les sautes de son humeur, et en même temps le fond de sa complexion, les traits essentiels de sa personnalité, ceux qui persistent à travers l'existence. Suivre les métamorphoses d'une écriture, de son point de départ à son point d'arrivée, c'est assister à l'évolution d'un caractère, au drame d'une destinée humaine.

L'écriture reflète aussi l'homme social, le pays du scripteur, son temps, sa génération, son métier ; car les expériences vécues ensemble créent une fraternité histo-

De plus, je referai à Paris les dimanches 18 et 25 mars, une série de deux conférences, comme je l'ai fait en octobre dernier, au profit des Mutilés de la guerre et des Soldats originaires des pays envahis.
L'une aura pour titre « Suggestion auto-suggestion », la deuxième en deux parties : 1° Magnétisme personnel 2° Comment pratiquer l'auto-suggestion. Peut-être en ferai-je encore 3 ou 4 autres, une ou deux chez Boirillon, une à l'école de magnétisme (Durville) une à la maison des étudiants. Vous voyez que mon temps sera bien employé à Paris, surtout si vous considérez que, à la suite de ma première conférence, je recevais des lettres d'un tas de gens qui me demandaient une entrevue que je ne pouvais guère refuser.

Fragments d'une lettre

Pour nous, malgré notre vie pleine d'incidents que nous souhaiterions moins nombreux, nous nous portons toujours bien, et, comme vous le montre ma lettre, nous n'avons pas encore été écrabouillés par les boulets ou les obus et nous espérons bien y échapper toujours.

Depuis le froid sibérien que nous subissons, les clients sont rares mais que sera-ce après la guerre ? Je ne saurai plus où donner de la tête. Cela ne fait rien, je m'en tirerai toujours. Je vous serre affectueusement la main.

E. Coué

Voilà la dernière partie de votre manuscrit. Je ne puis vous en faire un plus bel éloge qu'en vous disant que je voudrais l'avoir écrit.

d'Emile Coué à M. Charles Baudouin.

rique aux hommes d'une même époque, d'un même climat, d'une même culture.

L'écriture de Coué, quelle image évoque-t-elle pour nous? Quelles dimensions nous permet-elle d'attribuer à sa personnalité, quels linéaments à sa figure morale? Nous reproduisons comme exemples deux fragments de la même lettre, pris à une page et demie d'intervalle, et qui par leurs variations graphiques nous font voir la mobilité des jeux de physionomie sur le visage de l'écriture.

En traçant des lettres, des mots, des lignes, d'une main courante, Coué ne vise pas à produire un effet esthétique ; il ne songe ni à flatter les yeux du lecteur ni à se faire plaisir à lui-même. Il n'a qu'un but : utiliser la plume pour mander un message. Aucune élégance, ni voulue ni involontaire ; mais non plus aucune espèce d'affectation. L'écriture de Coué est tout ensemble utilitaire et humanitaire, désintéressée et supérieurement pratique.

Certains génies (Pascal, Napoléon), plus préoccupés de noter leur pensée que de l'expliquer, finissent par se créer une écriture idéographique, une sorte de sténographie à leur usage personnel, qu'il est souvent difficile de déchiffrer : ils écrivent sous la dictée tyrannique de leur cerveau, pour eux-mêmes plus que pour les autres. Coué écrit pour les autres plus que pour lui-même, avec courtoisie et respect de la personnalité d'autrui. Il ne s'adresse pas à un public de savants ou de lettrés, mais à la foule. Pour conserver le contact avec elle et tenir son attention en éveil, il doit rester à son niveau, s'interdire les altitudes où l'esprit s'isole et plane. Ce souci, cette habitude du niveau moyen se manifestent dans le dessin banal et quelque peu primaire de l'écriture de Coué. Elle ne s'embarrasse ni de solennités ni d'ornements inutiles, mais porte, pour marcher commodément, « cotillon court et souliers plats »; cependant, plus avisée que Perrette au pot au lait, l'écriture de Coué a bon pied, bon œil, et ne perd jamais le sentiment des contingences. Elle va son chemin, avec une simplicité et une bonhomie entraînantes, accompagnées de bon sens et de finesse.

L'alternance, à l'intérieur des mots, des lettres détachées et des lettres liées, dénote une heureuse proportion d'observation et de logique, d'intuition et de raisonnement, d'esprit d'analyse et de pouvoir de synthèse. L'écriture, entièrement dextrogyre, avec un minimum de traits orientés de la droite vers la gauche, les o *et les* a *largement ouverts, donne la mesure de l'activité, généreuse, dévouée, sincère. Les aptitudes intellectuelles, sans cesse en action, sans cesse en mouvement, sont décuplées par le dynamisme de Coué, par le don qu'il possède de s'extérioriser et de communiquer à autrui le mouvement qui l'anime. Le spectacle de cette ardeur est d'autant plus beau que la vitalité physique (la légèreté du tracé, l'inconsistance de la pesée, et les nombreux empâtements l'attestent) est de beaucoup inférieure à la puissance morale : la lame use le fourreau. Dans le premier fragment, le rétrécissement soudain de la marge au bas de la page : « je recevrai des lettres d'un tas de gens qui me demanderont une entrevue que je ne pourrai refuser » est un geste de recul, d'appréhension à la seule idée des dépenses de forces psychiques auxquelles il sera obligé prochainement.*

L'écriture de Coué est d'un animateur sans violence, d'un apôtre sans fanatisme. Son énergie n'a rien de farouche, sa volonté rien d'anguleux; ses affirmations les plus dogmatiques sont toujours enveloppées de douceur; il use de son ascendant sur les autres, non en substituant sa personnalité à la leur, mais en suscitant leur énergie personnelle. Dans l'écriture de Coué, la prédominance marquée des indices de la douceur et de la souplesse sur ceux de la force volontaire, de ceux de la grâce morale et de l'imagination sur ceux de la raison pure, définit à la fois la qualité de son âme, la nature de son influence, la couleur de son rayonnement.

Dans le fragment de lettre où il entretient son correspondant de ses travaux de conférencier, la mimique de l'écriture de Coué est extrêmement, presque douloureusement animée; à force de disparates, l'aspect de la page devient inharmonique. Une partie du texte est inclinée, une autre redressée, les lignes sont sinueuses, les lettres et les mots de directions et de dimensions discordantes. Ce désarroi graphique trahit une lutte entre l'instinct et la raison, la sensibilité et la volonté, les nerfs, le cœur et le cerveau de l'homme qui a écrit cela.

Dans le second fragment (qui termine la lettre), le scripteur n'ayant plus à se contraindre, n'ayant plus à faire un effort d'objectivité scientifique, son écriture se tranquillise, retrouve son unité perdue; les inégalités s'atténuent, les dissonances se résolvent, tous les mots s'inclinent régulièrement sur la droite.

D'habitude, la signature est le lieu graphique le plus révélateur, puisque le scripteur s'y inscrit lui-même, son nom étant à ses yeux le symbole de sa personnalité. La signature, presque toujours, décèle surtout l'idée que le signataire se fait de son importance, du rôle qu'il pense jouer dans la comédie humaine. C'est pourquoi les personnages officiels, les hommes d'Etat et les souverains, au bas de leurs lettres, signent si grand, au point que leur griffe n'a quelquefois aucun rapport avec leur écriture courante. Même les plus modestes quant à leur mérite personnel, même Louis XVI, le plus humble des rois, n'échappent pas à cet usage. Coué non plus. Sa signature est à la fois plus haute et plus large que l'écriture du texte de sa lettre ; en outre elle est montante et paraphée. Tout cela signifie qu'il connaît la valeur représentative de son nom, symbole de sa personnalité et de sa mission parmi les hommes : « Qui m'aime me suive ! » semble proclamer cette signature de chef qui se fait obéir par la séduction, non par la contrainte. Tout juste le contraire de « Oderint dum metuant ! » Le paraphe, distinct du nom, et d'un savoir-faire admirable, traverse une partie du post-scriptum ; comme si, au moment de prendre congé de son interlocuteur, Coué ne pouvait se résoudre à lui dire adieu. Fatigué à la fois et réconforté par son œuvre, tout d'échange humain, l'animateur quitte à regret le confident de sa pensée, en qui il fait passer quelque chose de son fluide vital.

ÉTUDES

NOTES CRITIQUES ET TÉMOIGNAGES DIVERS

SUR

ÉMILE COUÉ

RANGÉS SELON L'ORDRE ALPHABÉTIQUE

DES NOMS D'AUTEURS

do

ca

UN AMI DU GENRE HUMAIN

PAR

FRANK ABAUZIT

C'était sans contredit un original, quelque chose comme un prophète jovial et laïque, un bienfaiteur modeste et naïf de l'humanité souffrante. Non seulement Coué guérissait les malades ; mais il apprenait à tous, même à ceux qui sont regardés comme des bien portants, à marcher dans la vie avec une tranquille assurance. Lui-même n'était jamais pressé, mais toujours actif ; toujours calme, toujours serein, toujours maître de lui. « Dès qu'une chose est possible, il vous faut la considérer comme facile. » Parmi les aphorismes qu'Emile Coué répétait volontiers, je ne crois pas me tromper en disant que celui-là m'a été le plus précieux. Il est d'application universelle. Qu'on me permette d'en citer un exemple tout à fait familier. Il y a plus de douze ans, bien avant que j'aie entendu parler de Coué, je fus assez frappé d'un propos que je m'en vais vous dire.

Une de nos amies, Mlle Blanche de Beaumont, dont le cœur est généreux, l'esprit délié et perspicace, l'humeur toujours égale et souriante, la sympathie ouverte à tous les vivants, et même à toute chose, nous avait prêté, pour y passer nos vacances, une petite maison de paysan qu'elle possède aux flancs du Salève et dont son père a hérité jadis. Elle nous en remit la clef, une très grosse clef, d'âge respectable, et nous tint ce petit discours : « Cette clef ouvre très bien la porte d'entrée, mais surtout faites bien attention de ne pas la brusquer. Il faut lui dire : « Allons, ma petite, tu vas ouvrir doucement bien gentiment », et ça va tout seul. Si vous vous imaginez qu'elle ouvre mal, si vous vous évertuez à faire effort pour surmonter la résistance, eh bien, rien ne va plus : la porte refuse de s'ouvrir. »

Que de fois depuis lors n'ai-je pas appliqué ce système, soit à une serrure récalcitrante (ou supposée telle), soit à un volet qui « ne voulait pas s'ouvrir », soit à un vêtement qui semblait difficile à mettre. Et dans nos rapports avec nos semblables, que de fois nous nous rendons la tâche impossible, parce que nous nous imaginons que « jamais ils ne voudront accepter... — jamais ils ne voudront croire », alors qu'avec du calme, de la décision, beaucoup de confiance et de douceur, on arriverait aisément à ce qu'on veut obtenir. Que de fois, sans nous en rendre compte, nous suggérons à un enfant, simplement par la manière dont nous lui en parlons, ou même par le ton de notre voix, qu'une action est difficile, ardue, insurmontable, alors que, si nous savions nous y prendre, elle ne serait pour lui qu'un jeu.

* * *

Revenons à Coué, et à l'opinion que bien des gens, qui d'ordinaire ne l'avaient jamais vu, ou ne l'avaient entrevu que de loin, étaient disposés à se faire de lui.

« Coué ? Oh ! Coué, pour moi, je vous l'avoue, ce n'est qu'un charlatan. » J'ai entendu dire cela bien des fois. J'avoue à mon tour qu'en le jugeant d'après les premières apparences, il n'était pas difficile de prendre Emile Coué pour une sorte de marchand d'orviétan. Quand on l'entendait répéter un boniment toujours le même, qui à bien des égards était d'une banalité manifeste et d'une simplicité enfantine ; quand on voyait les gens se précipiter sur lui à la sortie d'une de ses conférences ; quand on entendait dire qu'il avait gagné beaucoup d'argent dans ses tournées en Amérique ; je comprends très bien qu'on se soit dit : « Ce n'est qu'un charlatan. »

Sans doute aussi, lorsqu'on lisait ses écrits, c'est à dire ou bien sa fameuse brochure : *La maîtrise de soi par l'autosuggestion consciente*, qui reproduit en somme la conférence qu'il donnait partout, toujours la même ; ou bien le *Bulletin de la Société de psychologie appliquée* de Nancy, qui ne paraissait guère qu'une ou deux fois par an ; lorsqu'on y voyait ces longues files de témoignages, en tout semblables au premier abord à ceux par lesquels on prône les pilules Pink ou tel élixir de Jouvence ; on avait un peu envie de rire et de murmurer : « Ce n'est qu'un charlatan. »

Mais lorsqu'on le connaissait mieux, on revenait de ce premier jugement, car sa bonhomie n'excluait pas la finesse ; et puis l'on sentait bien vite en lui un enthousiasme, un désintéressement, une générosité qui ne vont guère avec l'idée qu'on se fait d'un imposteur. Sans doute, cet homme sorti du peuple était resté à beaucoup d'égards un homme du peuple. Il avait le goût des formules très simples, des théories claires comme de l'eau de roche. Il allait droit son chemin, appliquant à tout le monde, imperturbablement, la vérité qu'il avait trouvée : « Tous les jours, à tous points de vue, je vais de mieux en mieux. » Vous vous dites cela tous les soirs et tous les matins, bien tranquillement, de manière à vous inoculer cette petite phrase, à graver cette pensée, d'une manière indélébile, dans les profondeurs de votre inconscient. Certes, on ne peut concevoir de médication plus simple. Et pourtant — c'est un fait d'expérience, je suis prêt à l'attester tout le premier — nombreux sont les malades qu'elle a guéris.

J'ai connu d'assez près Emile Coué pour avoir le droit d'en parler. Au début il m'avait captivé, charmé, un peu amusé. Mais quand je l'ai connu plus à fond, j'ai admiré sa sérénité, son désintéressement, sa modestie, son immense bonté. Non seulement il était désintéressé, mais il ne faisait jamais étalage de son parfait désintéressement. Je l'ai connu pendant deux ans sans savoir avec certitude ce que je soupçonnais seulement et que je sais maintenant de la façon la plus sûre: ce pharmacien retraité, qui n'avait à lui qu'une modeste aisance, n'a jamais accepté un sou pour lui-même de tous ceux à qui il avait rendu la santé. Quand, vers la fin de sa vie, on l'a contraint d'accepter quelquefois des dons d'argent, il a toujours redonné cet argent à d'autres, sans en rien garder pour lui.

Il s'est dépensé sans compter, n'écoutant que son enthousiasme et son désir de faire participer tous ceux qui le pouvaient à sa méthode bienfaisante. Jamais il ne refusait d'aller voir n'importe quel malade. A n'importe quelle heure du jour ou de la nuit, toujours je l'ai vu dispos, et heureux de prêcher sa doctrine; j'ai tort de dire prêcher, car il parlait toujours sur le ton de la causerie, et souvent non sans finesse. Etait-ce un imposteur que l'homme qui s'est donné tout entier à son œuvre, à son apostolat ?

Oh ! sans doute, ce que je dis ici de lui, je ne songerais pas à le dire de tous ses partisans, de tous ceux qui se réclament de lui. Qu'il y ait du bluff et même, hélas ! du charlatanisme chez plusieurs des soi-disant disciples de Coué, il faut malheureusement l'accorder. Il était si bon et si généreux qu'il ne soupçonnait pas chez les autres un état d'esprit trop éloigné du sien. Sa parfaite bonté, comme toujours, n'allait pas sans quelque naïveté.

Heureusement il a eu un grand disciple, un disciple vraiment digne de lui et d'une culture bien supérieure à la sienne. Je l'entends encore en 1919, à Valence, me dire avec une douce fierté : « Ah ! vous savez, à Genève, j'ai un disciple, bien plus calé que moi : il a écrit un livre admirable sur l'autosuggestion, je vous l'enverrai. » Charles Baudouin est trop mon ami pour que j'ose dire ici tout le bien que je pense de lui et de ses livres. On sait qu'il n'est pas seulement excellent psychologue, mais aussi poète distingué. Son affection, son admiration pour « le bonhomme Coué » suffiraient à elles seules à me prouver qu'Emile Coué n'était pas un charlatan.

Il y a vingt-quatre siècles, dans les rues d'Athènes, un autre bonhomme, à qui Coué ressemblait un peu, disait lui aussi des choses fort simples et se répétait souvent. Il exerçait sur la jeunesse une attraction irrésistible. Aristophane nous l'a dépeint comme un charlatan.

Il y a dix-neuf siècles, un homme parut en Galilée, vers qui les foules se précipitaient et qui répétait lui aussi des choses très simples, qui pouvaient même passer pour enfantines. Les gens « bien pensants », les gens d'église, les docteurs en théologie disaient de lui : « C'est un toqué, c'est un profiteur, c'est un fou dangereux. »

Quand on se donne soi-même tout entier on n'est pas un charlatan.

SUGGESTION ET THAUMATURGIE

PAR

CHARLES BAUDOUIN

I

La popularité perd souvent les hommes, elle perd aussi quelquefois les idées. C'est un grand malheur pour une doctrine que d'avoir du succès, et surtout du succès auprès des masses. Les extravagances de la mode ont tôt fait de tuer un homme ou une idée sous le ridicule. Le mal n'est pas grand lorsque l'homme ou l'idée choisis par le succès sont sans valeur, et c'est le plus souvent le cas. Il arrive pourtant quelquefois au succès comme à l'amour de n'être pas aveugle, et de s'attacher à des objets d'une réelle valeur. Malheur, alors, à ces favoris de la fortune. Il y a là une situation assez tragique, un véritable cercle vicieux, par lequel se trouvent retardés quelques-uns des progrès les plus essentiels à l'humanité.

Lorsque Mesmer, au XVIIIe siècle, présenta sous le nom de *magnétisme animal* certains faits rivalisant avec les miracles de l'histoire ou de la légende, ce fut une vogue soudaine et chaleureuse. Mais justement les enthousiasmes délirants, auxquels se mêla bientôt l'inévitable charlatanisme, mirent les savants en défiance ; ils condamnèrent, d'un trait de plume, le magnétisme, et le discrédit fut rapide. Comme il arrive toujours en pareil cas, la doctrine ne périt pas entièrement ; mais, ce qui est pire, elle reflua peu à peu vers les régions inférieures et incultes de la société, où elle continua jusqu'à nos jours sa vie souterraine et marécageuse, plus ou moins confondue avec celle des superstitions anciennes et récentes qui fleurissent autour des somnambules et des tables tournantes. Il fallut environ un siècle pour qu'on vît des savants courageux et clairvoyants, sans craindre la risée, émettre l'opinion qu'il pouvait bien y avoir dans le vieux magnétisme un grain de vérité précieuse. Nous sommes aux alentours de 1880, à l'époque des premiers travaux de Charles Richet, des grands succès de Charcot et de Bernheim. *L'hypnotisme* était né. On se mouvait cette fois sur un terrain scientifique, et sans contredit un grand pas était fait. Mais il fut moins décisif qu'on n'eût pu l'espérer tout d'abord. Car la mode et le charlatanisme bondirent sur l'hypnotisme comme ils avaient fait jadis sur le magnétisme animal. Tandis que l'hypnotisme descendait sur le champ de foire, parmi les baraques des prestidigitateurs, les médecins et les savants commençaient à rougir de lui ; les uns après les autres, ils l'abandonnèrent. Pierre Janet nous a conté naguère ce lamentable revirement de la fortune, depuis l'époque des premiers déboires jusqu'à celle où le Dr Bérillon lui-même, après avoir vaillamment lutté, finit par céder à son tour, jusqu'à changer le titre de sa *Revue de l'Hypnotisme* comme une enseigne démodée. Janet juge d'ailleurs avec une parfaite sérénité ce revirement qu'il se refuse à considérer comme définitif.

Nous arrivons aux premières années de notre siècle. A la suite de la théorie de Bernheim, qui voyait dans la suggestion « la clef des problèmes de l'hypnose », avec les travaux surtout qui marquent la naissance de la « nouvelle école de Nancy », c'est-à-dire ceux du Dr Paul-Emile Lévy, élève de Bernheim, des Drs Parkyn, Géraud-Bonnet, et d'autres, bientôt suivis par le généreux enseignement de Coué, un nouveau mouvement se dessine. On parle dès lors d'autosuggestion. De nouveau on produit des « miracles » analogues à ceux que provoquaient jadis magnétisme et suggestion hypnotique, mais on les explique cette fois par le jeu d'une force beaucoup plus simple et plus naturelle, l'action de l'imagination sur le système nerveux et les fonctions. Lorsqu'en 1914 je m'occupai pour la première fois de la question pour élaborer une théorie psychologique des phénomènes présentés par les premiers praticiens de l'autosuggestion, il m'apparut qu'il y avait là les éléments d'un nouveau progrès, et considérable, sur les doctrines antérieures, et que nous étions enfin à la veille de pouvoir intégrer les « guérisons miraculeuses » dans la science, et d'en définir les lois. Qui ne verrait pas l'importance théorique et pratique d'un pareil passage? Certes les nouvelles explications ne me semblèrent pas éliminer à tout jamais du champ des *hypothèses* possibles les anciennes théories des hypnotiseurs ou même des magnétiseurs. Il n'était pas démontré que le rôle du suggestionneur fût négligeable (et je suis convaincu qu'il est important) ni que l'hypnose fût purement et simplement un produit de la suggestion (je suis convaincu qu'au moins l'hypnose profonde suppose d'autres facteurs). Il n'était pas démontré non plus que le fameux « fluide » des magnétiseurs (ou, pour parler en termes moins mythologiques, l'extériorisation de l'influx nerveux) fût définitivement inadmissible. C'est dire que l'autosuggestion ne me paraissait pas tout expliquer : mais à coup sûr elle expliquait la plupart des phénomènes les plus sensationnels et des « guérisons miraculeuses », attribués jadis au magnétisme et à l'hypnotisme.

II

Le progrès me paraissait consister surtout dans la simplicité de la force à laquelle on faisait appel. Les théories du magnétisme, et même dans une certaine mesure celles de l'hypnotisme, avaient le tort de recourir aux explications par des forces inconnues. Wundt a très bien vu la chose en ce qui concerne l'hypnotisme : il reproche aux hypnotiseurs de regarder l'hypnose comme une force entièrement nouvelle, capable de servir de base à une nouvelle psychologie :

ce qui revient à expliquer le connu par l'inconnu ; il montre qu'il est beaucoup plus sage, et de meilleure méthode, de tâcher de décomposer les facteurs de l'hypnose, jusqu'à les ramener à des faits psychologiques connus : c'est en quoi la théorie de Bernheim et de l'Ecole de Nancy, qui explique l'hypnose par la suggestion, lui paraît plus sage, *du point de vue de la méthode*, que la théorie de Charcot et de la Salpêtrière, qui explique la suggestion par l'hypnose. Le grand mérite d'une théorie de l'autosuggestion n'était-il pas de se conformer plus encore à la judicieuse remarque de Wundt ? Expliquer les faits les plus étranges, les plus miraculeux, simplement par une combinaison particulière de certains facteurs psychologiques très simples, courants et connus, comme l'imagination, l'attention, l'émotion, etc..., cela ne répondait-il pas au desideratum de tout progrès scientifique : ramener l'inconnu au connu, expliquer une chose aussi formidable que la gravitation des mondes par une chose aussi familière que la chute d'une pomme, et proscrire autant qu'il est possible les hypothèses gratuites qui font appel à des forces mystérieuses ? Une telle interprétation n'était-elle pas enfin la garantie la plus sûre contre une nouvelle offensive de l'obscurantisme et de la superstition ? Ramener les faits au jeu de forces très familières et naturelles, n'était-ce pas fermer la porte, une fois pour toutes, aux interprétations fantastiques, aux mysticismes thaumaturgiques, et du même coup au charlatanisme, dont la puissance est de pêcher en eau trouble, de sorte qu'il s'installe toujours dans le voisinage du mystère comme les aveugles-mendiants sous le porche des églises. En 1914, je croyais vraiment la partie tout près d'être gagnée ; je croyais que l'on échappait enfin au cercle vicieux que je dénonçais au début de cet article. L'autosuggestion me semblait une chose trop naturelle et trop claire pour pouvoir être déformée d'abord, discréditée ensuite comme l'avaient été le magnétisme et l'hypnotisme.

Telle était mon opinion au mois de juillet 1914. Je comptais sans la vague de barbarie et de sottise qui allait, quelques jours plus tard, déferler sur notre civilisation. Je comptais sans cette effroyable régression de l'esprit et de la culture que la guerre allait amener avec elle. Il nous fallut voir, dans tous les pays belligérants — et même neutres — quelques-uns des esprits sur la fermeté desquels nous comptions le plus, se prêter aux absurdes lieux communs des nationalismes déchaînés ; dans le peuple, et voire dans les classes polies, ce fut la superstition des amulettes les plus excentriques, le succès sans précédent des diseurs de bonne aventure, et le triomphe de cultes variés et bizarres, plus ou moins importés d'Orient, comme dans la décadence romaine.

Mais à vrai dire cette régression, cette « crise de l'esprit » comme la nomme Paul Valéry, ne sauta aux yeux de tous qu'une fois la guerre finie. Pour nous en tenir à la question qui nous occupe, c'est aussi « l'après-guerre » qui fournit le terrain propice à ce mysticisme populaire de l'autosuggestion que le psychologue H. Piéron a pu caractériser comme un « renouveau de la thaumaturgie ». Le mouvement qui arbora si injustement le nom de « couéisme » naquit exactement en 1920-21 dans les pays anglo-saxons où d'ailleurs il eut tôt fait de succomber sous le ridicule, du moins dans les classes cultivées. Depuis lors l'épidémie a gagné le continent et particulièrement, semble-t-il, l'Allemagne [1]. A vrai dire ses exagérations ne sont pas beaucoup à craindre en elles-mêmes, précisément parce que le revirement ne peut tarder. Mais ce qui est à craindre, c'est que ce reflux n'entraîne une fois de plus la part de vérité excellente que charriait la vague, parmi tant d'autres choses moins pures.

III

Comment empêcher ce double jeu d'exagérations absurdes et de déceptions qui fatalement les suivent? Ou si empêcher est trop dire, comment — tout au moins — en atténuer les méfaits?

Tout d'abord, une grave lacune saute aux yeux, à laquelle on commence à peine à remédier La psychothérapie est très généralement absente de l'enseignement officiel de nos universités, et il n'apparaît pas que la plupart d'entre elles soient disposées à secouer le joug de leur routine. On comprend ainsi que non

[1] Sur le développement de ce mouvement, voir notre récente brochure : *Der Couéismus*, Otto Reichl Verlag, Darmstadt.

seulement le grand public, mais aussi les éducateurs et les médecins fassent preuve, la plupart du temps, d'une ignorance étonnante des disciplines psychothérapiques. Ces dernières demeurent l'apanage de quelques praticiens isolés, de quelques écoles qui se jalousent, s'insultent et se contredisent, enfin d'un bon nombre d'amateurs et de charlatans. Ceux-ci foisonnent tout naturellement, en vertu de la loi de l'offre et de la demande, partout où les besoins du public se font sentir et où les praticiens sérieux font défaut, et c'est à peu près partout.

Ce qu'il faut, c'est créer *des centres compétents de recherche, d'information, d'enseignement et de pratique*, qui soient en mesure d'orienter le public et les spécialistes, et de mériter toute confiance. Il est préférable que ces centres ne soient pas « officiels ». (Nous le rappelions à l'instant, la routine fait partie intégrante des organisations officielles et nous sommes dans un domaine où il est nécessaire d'innover et de ne pas craindre quelque audace : faute de quoi on sera toujours devancé par les empiriques.) Mais d'autre part, il faut que ces centres soient placés sous le contrôle de savants qualifiés et de personnalités dignes d'estime. Il faut enfin qu'ils ne représentent pas d'une façon exclusive tel ou tel praticien, telle ou telle école plus ou moins intolérante et dogmatique, mais s'élèvent suffisamment au-dessus des questions de personnes ou de « clan ». Cela est peut-être difficile, mais les difficultés ne sont pas insurmontables, et en fait une première pierre de l'édifice à construire a été posée récemment à Genève : je veux parler de *l'Institut international de Psychagogie et de Psychothérapie.* Sans aucune fausse modestie (bien que j'aie pris une part active à la création de cet institut) je ne dois pas dissimuler que ce n'est encore là qu'un organe très inférieur à la fonction qui lui incombe : la fonction créera-t-elle l'organe? A coup sûr, le temps et l'appui de beaucoup de bonnes volontés pourront seuls le développer.

IV

On nous demandera peut-être quels sont, au moins dans les grandes lignes, les orientations que nous nous croyons en mesure de fournir dès maintenant au public et aux spécialistes, en ce qui concerne la suggestion ; quelles sont les interprétations erronées contre lesquelles nous croyons devoir mettre en garde.

Nous pouvons en premier lieu faire remarquer que généralement on demande à la suggestion à la fois trop et trop peu. On lui demande *trop peu*, lorsqu'on veut limiter son emploi aux seules névroses (opinion encore courante chez un grand nombre de médecins). Une expérience qui n'est pas neuve, car c'était déjà celle de Liébault il y a plus d'un demi-siècle, mais qui est aujourd'hui devenue très riche, prouve que la suggestion, modifiant les fonctions, joue un rôle des plus nets dans l'évolution de bien des maladies physiques et c'est précisément là la clef des « guérisons miraculeuses ». Mais inversement on demande *trop* à la suggestion en la considérant comme un traitement complet et suffisant des névroses. Cette double erreur procède de la conception, aujourd'hui périmée, qui considérait les névroses comme des « maladies sans lésions » et qui établissait ainsi une distinction tranchée entre elles et les autres maladies : alors on se représentait que la suggestion était toute puissante dans les « maladies sans lésions » (le public et passablement de médecins disent dans les maladies imaginaires) et qu'au contraire il ne pouvait être question de l'employer dans les « maladies réelles ». La vérité est que la suggestion ne paraît être pour aucune maladie (et pas même pour les névroses) un spécifique suffisant et parfait ; mais que par contre elle peut dans la plupart des cas, nerveux ou physiques, et dans des proportions diverses, jouer le rôle d'un *auxiliaire puissant* à côté des autres agents thérapeutiques.

Ainsi l'on conçoit dans quel sens il convient d'appliquer la suggestion aux cas pathologiques les plus divers : ce n'est aucunement qu'il faille faire d'elle une panacée, comme le public, à la suite du « couéisme » vulgarisé qui sévit aujourd'hui, est trop souvent tenté de le croire. Si la suggestion doit être généralisée, c'est au même titre que l'hygiène, par exemple. Pas plus que l'hygiène, elle ne prétend écarter ou supplanter les autres agents thérapeutiques.

Pour serrer de plus près la question des états nerveux, il est particulièrement important de comprendre qu'ici non plus la suggestion n'est pas toute puissante. Sans parler des traitements physiques qui ont bien aussi leur mot à dire, il ne faut pas oublier qu'il existe d'autres psychothérapies, notamment la psychanalyse et les méthodes dérivées, qui dans l'état actuel de nos connaissances pourraient bien être le véritable spécifique des névroses.

Lorsque nous avons préconisé notre technique d'autosuggestion, on a cru trop facilement que c'était là une méthode destinée à détrôner toutes les autres psychothérapies. Rien n'était plus éloigné de notre pensée. Dans les névroses de quelque gravité il est tout indiqué de faire appel à un traitement spécifique (analyse, etc.) *complété* par la suggestion, tout comme, dans les maladies physiques, il est opportun de faire appel à un traitement physique, *complété* par la suggestion.

On a cru aussi que l'« autosuggestion » s'opposait à la « suggestion » (au sens courant du mot) et la rendait inutile. C'était faire un grave contre-sens, et j'ai eu souvent l'occasion de rappeler que la suggestion du praticien est une introduction naturelle, et généralement nécessaire, à l'autosuggestion du sujet. Un des dangers les plus notoires de la propagande que nous déplorons aujourd'hui, c'est précisément qu'elle invite trop facilement les gens à croire qu'après avoir entendu une conférence ou lu une brochure sur la question, ils sont à même, du jour au lendemain, de pratiquer l'autosuggestion. Les malheureux se préparent ainsi d'amères déceptions, et après de vains essais, ils auront tôt fait de regarder cette méthode comme une supercherie.

Le malheur est que le public moderne veut des panacées, qu'on puisse acquérir donnant donnant, contre valeur marchande. Il apporte ici l'esprit d'industrialisme et d'américanisme auquel il est accoutumé. Il veut acheter une guérison comme on achète un ustensile perfectionné, qui se fabrique en série. L'Institut international dont je parlais tout à l'heure n'a pas sans raison porté à son programme « *les applications de la psychologie à la conduite de la vie et à la thérapeutique* ». C'est que les deux vont de pair. La vraie psychothérapie est toujours, à quelque degré, éducation ; elle agit par le dedans ; elle réclame la collaboration de tout l'être moral. L'hygiène de l'esprit, plus encore que celle du corps, veut des sacrifices quelquefois sévères. Elle se rencontre souvent avec d'anciennes disciplines morales, philosophiques et religieuses. La psychothérapie a le droit, elle aussi, d'exiger quelquefois de son patient qu'il réforme d'abord sa conception et sa ligne de vie. Défions-nous des trucs trop simples et trop confortables que prêchent des « psychologues » d'occasion, fort semblables à des charlatans de tréteaux ; certaines difficultés intérieures veulent être regardées en face et avec courage ; c'est un jeu où il est vain de tricher.

* * *

Au moment même où je terminais ces quelques pages, le 2 juillet 1926, notre maître Emile Coué mourait à Nancy, après soixante-dix années d'une vie pleine, vaillante et généreuse. Comment exprimer notre peine et la profondeur de notre perte? Qu'il me soit permis de saluer en lui un des hommes qui ont le plus fait précisément pour séparer la suggestion de la thaumaturgie et du charlatanisme ; son robuste bon sens comme sa probité l'avaient entre tous désigné pour cette tâche. Aussi notre peine est-elle double quand nous songeons à l'ironie tragique du sort qui fut celui de son œuvre, et quand nous voyons combien ceux qui se recommandent de lui sont souvent infidèles à son esprit. Mais peut-être est-il plus sage de rendre grâces au destin qui ferma ses yeux avant qu'ils aient pu voir et mesurer l'étendue du mal fait à son œuvre par certains de ses disciples, comme Zarathoustra contemplant dans le miroir la caricature grimaçante de sa doctrine. Et peut-être surtout est-il plus opportun de reprendre virilement, et sans plus tarder, sa tâche, où il l'a laissée. Sa mémoire n'est pas seulement à servir, elle est peut-être à défendre. S'il pouvait nous dire son vœu — à nous qui l'avons aimé — il nous demanderait certes moins nos larmes que notre labeur.

IN MEMORIAM ÉMILE COUÉ

PAR

le Dr Paul Daniel Bernoulli, de Stuttgart

A l'ami paternel

Pour quiconque a eu ce bonheur, de rencontrer personnellement Emile Coué, ce souvenir restera présent pour la vie ; l'âme sera pour toujours illuminée par ce bonheur, et pas un jour ne se passera sans une pensée pleine d'amour pour le maître, sans un acte digne de lui. Il y a peu d'hommes, pour laisser une empreinte si durable et si captivante. Emile Coué réalisa la parole de Gœthe : « C'est la personnalité qui est le bonheur suprême des humains » (« *Höchstes Glück der Erdenkinder sei nur die Persönlichkeit* »). Quelle fut la raison d'une telle valeur ? Ce fut « sa simplicité noble et sa grandeur calme » (*edle Einfalt und stille Grösse*) comme eût dit Lessing. Le secret de son grand, de son incomparable succès n'était autre chose que sa bonté sans limites, son amour rayonnant, son empressement fidèle et incessant à aider l'humanité en détresse, et cette modestie naturelle qui accompagnait tous ses actes. Que sa maîtrise de la vie était profonde! Son exemple incitait à l'imitation pour peu que l'on acceptât sans parti-pris l'empreinte si humaine de ce maître. Sa persévérance à communiquer ses profondes observations était admirable et unique. Mais ses « formules » rebutent maint esprit trop « éclairé » ! — « Une vérité ne saurait jamais être trop simple, et l'on ne peut pas l'inculquer trop souvent aux hommes ; il faut qu'elle les pénètre jusqu'à la moelle des os, » disait-il, et il avait parfaitement raison. Nous, psychologues, savons que plus une vérité est simple et plus elle sera jugée superficiellement par les grands « manitous » de la science ; sa simplicité même sera l'obstacle pour ces hommes si fiers de leur bagage scientifique, lourd et compliqué. La maîtrise de Coué était admirable quand il s'agissait de simplifier la conduite de la vie, la parole, la pensée, l'action et la guérison. Sa modestie incroyable, malgré sa célébrité mondiale, lui assure une place parmi les plus grands hommes dans l'histoire de la civilisation humaine.

Médecin, je n'ai pas facilement adopté ses doctrines ; il me coûtait de faire abstraction de mes études de sciences naturelles et de biologie ; les écrits de Coué et les autres livres traitant de la question, en premier lieu les œuvres de Baudouin, ne me suffisaient pas. J'avais besoin de subir l'influence vivante de cet homme, dans son milieu, dans sa propre sphère d'activité.

J'allai donc à Nancy, — et c'en fut fait de moi ! Dès le premier instant je fus conquis et pénétré de vénération et d'amour pour le maître ; cet homme m'attirait comme jamais personne avant lui. Je fus pris par l'ardeur de savoir, d'explorer la vérité jusqu'au fond, d'étudier et de mettre en pratique la méthode de Coué, — à Paris, à Genève, à Zurich, n'importe où, — pourvu que je puisse concilier mon savoir médical avec les connaissances psychologiques nouvellement acquises, en continuant mes études et mon activité de praticien.

Ce fut un événement pour moi, en tant qu'homme et en tant que médecin, quand cette personnalité m'apparut. Mon esprit a été fécondé par Coué et Baudouin ; ils ont donné une nouvelle direction à mes procédés médicaux. Mon désir de voir Coué en Allemagne se heurta d'abord à ses scrupules ; je réussis pourtant à les vaincre. Stuttgart est l'unique ville allemande qui le reçut comme conférencier. Pendant ces jours mémorables, du 2 au 5 décembre 1925, Coué fut mon hôte ; dans ces rapports plus intimes, j'eus l'avantage de pénétrer dans ce cœur d'or, d'apprécier sa bonté et d'admirer sa modestie ainsi que son infatigable esprit. Sans doute, un grand nombre d'hommes prétendront comme Ben Akiba qu'« il n'y a rien de nouveau sous le soleil » ; sceptiques et suffisants, ils n'auront qu'un sourire ironique pour ce que d'autres admirent et vénèrent. Si on leur parle de Coué, la plupart de ces hommes présomptueux ne savent même pas de quoi il s'agit. C'est à nous, ses successeurs et disciples, de conserver intacte l'image de « l'excellent homme », d'élaborer rationnellement sa pratique et d'approfondir sa doctrine. On ne méconnaît que trop souvent l'importance de cette doctrine spécialement dans le domaine médical. De larges perspectives s'ouvrent pour le médecin qui utilise méthodiquement la connaissance de la suggestion et de l'autosuggestion. Mais seule une saine attitude de notre part peut écarter les aberrations et les malentendus du couéisme et combattre avec succès le charlatanisme qui s'est répandu autour du nom de Coué. Ce fait déplorable est dû en partie à un enthousiasme aveugle et sans discernement, en partie à certaines conjonctures et à la routine. C'est en Allemagne que le danger me paraît le plus grand. Il est probable qu'à la suite de la mort du maître la vogue de la méthode Coué diminuera un peu ; il serait d'autant plus nécessaire que des gens compétents s'occupent de l'idée de Coué et la sauvent de la déchéance. Certes, l'œuvre de Coué ne pourra pas disparaître. Il existe heureusement un bon nombre d'hommes qui pensent logiquement et agissent en éducateurs. Ces hommes ont reconnu cette vérité éclatante : les pensées *saines*, cultivées *avec méthode*, ont à tous points de vue une influence constructive et remportent toujours la victoire sur les pensées pessimistes et pathogènes. Néanmoins la propagation de l'autosuggestion exige une lutte inexorable, surtout dans les milieux médicaux ; Coué l'a éprouvé, quand on le traitait, avec ironie et pitié, d'utopiste et de charlatan. Nous, médecins, ne sommes pas davantage à l'abri de ces attaques, même de la part de nos confrères ; j'en ai fait l'expérience. Et pourtant Coué ne cessait de répéter qu'il n'existe pas de meilleure alliance qu'entre la suggestion (autosuggestion) et la médecine ! Je me fais donc un devoir de défendre la cause de Coué, par la parole et la plume ; je le fais aussi dans la presse médicale, afin de réaliser le désir ardent du maître : que ce soit à l'université que l'étudiant en médecine se familiarise avec les premières notions de la suggestion et de l'autosuggestion. Hélas, les représentants de la médecine officielle ne donnent pas toujours un exemple irréprochable : le malade est souvent bien peu et bien mal surveillé et dirigé par son médecin. Ce fait s'observe dans tous les pays et la faute en est à la conception mécaniste que les médecins se font du monde, et à leurs méthodes scolastiques. Un changement s'impose qui ne pourrait être couronné de succès qu'à la condition d'une collaboration intime, d'une union internationale entre les médecins portés à la psychologie et les psychologues ; le résultat en sera une régénération du traitement médical officiel ; l'exclusivisme des procédés médicaux matérialistes, des remèdes purement physiques devra être abolie ; il faudra se faire une conception juste du problème psycho-physique, c'est-à-dire de la corrélation entre l'âme et le corps : influence de l'intérieur sur l'extérieur (par la psychologie) et de l'extérieur sur l'intérieur (par la biologie).

A l'avenir il sera donc question d'une méthode combinée dans le traitement des malades : un médecin qui veut être à la hauteur de sa vocation, ne peut et ne doit pas se passer de solides connaissances scientifiques ; tous les résultats des recherches scientifiques modernes doivent être à sa portée, afin qu'il puisse choisir la méthode appropriée à chaque cas spécial. Pourtant, n'oublions pas qu'actuellement, plus que jamais, le malade a besoin de traitement psychique ; en premier lieu c'est l'âme humaine qui doit être relevée et soutenue par une influence optimiste et constructive, par une stimulation des idées subconscientes. Les moyens en sont : la parole et l'image, le ton et le geste. Issue d'une conception spiritualiste du monde, l'idée d'une ascension lumineuse inspirera l'âme et influencera le corps, en réglant et en dirigeant la vie inconsciente et nerveuse ; cette même idée agira sur l'organisme ainsi que sur chacun des organes, et activera le travail naturel de la guérison.

C'était le but de Coué. Ce doit être le but de ses successeurs. Nous devons travailler sans relâche à perfectionner notre propre éducation, afin de pouvoir éduquer les autres et leur montrer le chemin. Le caractère de Coué et son attitude morale sont notre modèle. Suivons son exemple d'observateur fidèle, partageons son désir ardent de connaître, son amour désintéressé pour l'humanité, son empressement à donner à tous le secours et la joie. Conscients de notre responsabilité, poursuivons dans cette voie sans nous laisser ébranler ; et que ce soit là notre témoignage suprême de vénération et d'amour pour notre cher maître disparu, — pour celui qui a fini par se sacrifier à l'idée de l'avenir.

Ainsi, continuons et achevons son œuvre, car le succès qui couronne notre effort est là pour nous encourager.

Puisse à l'avenir notre vie être inspirée par l'idée directrice de Coué, par sa ferveur chaleureuse et rédemptrice. « Car la vie, dit Gœthe, c'est l'amour, et la vie de la vie, c'est l'esprit » (« Denn das Leben ist die Liebe und des Lebens Leben Geist »). Telle eût pu être aussi la devise de Coué.

C'est ici la lumière qui nous guidera, et qui nous incitera à nous tendre les mains au-dessus des frontières nationales, pour nous unir dans une action constructive et salutaire !

Stuttgart, le 22 juillet 1926.

(Traduit de l'allemand par Sophie Lorié.)

LETTRE

de M. le Dr Besse
Privat-docent à la Faculté de Médecine
de l'Université de Genève

à M. Frank Abauzit

Genève, le 3 avril 1927.

Cher Professeur et Ami,

Croyez-moi, je suis excusable du retard. Mon adjoint est parti pour Vienne inopinément. Je n'ai pu souffler. J'attaque mon courrier des dix derniers jours aujourd'hui. Voici, au courant de ma plume, toute ma sincérité sceptique et pourtant pleine de sympathie :

Mon souvenir de Coué ? un seul, déjà un peu estompé; il y a bien quelques années, c'était avant la guerre, je crois — de près, à un déjeuner chez des amis :

Bonhomme, bon — oui — honnête, convaincu, probablement souvent convaincant, malgré qu'il fût ou parce qu'il était borné (volontairement ?).

Quant aux malades, quelle était la valeur de son influence ? Quelle était la proportion de bien et de mal ? Eh ! quel médecin, quel chirurgien voudrait à son lit de mort être jugé autrement que sur l'intention ?

Tant qu'il avait la grande chance de n'être qu'un simple pharmacien, il n'avait qu'à exécuter l'ordonnance d'autrui. Mais un beau jour, à l'instar de certains de ses confrères (comme je l'ai parfois ouï dire) il préféra prescrire lui-même, ordonner à sa façon ; oh certes ! non pas par lucre ou par ambition, mais bien plutôt par la vocation de faire du bien.

— Vouloir faire du bien, est-ce bien faire ? S'il a bien fait, qui le dira sûrement ? Et surtout quand le saura-t-on ? Que par-dessus les pelletées de terre la critique lui soit légère, car c'était après tout, c'était, tout court, un homme de bien.

Votre cordialement dévoué,

BESSE.

J'aime en Coué l'ascension d'une belle vie. J'admire son assurance, son optimisme et la simplicité de ses vues. Je révère en lui le bienfaiteur de ses milliers de clients et d'auditeurs qui se disent avec enthousiasme ses obligés, ses disciples.

Médecins que nous sommes, nous n'égalerons jamais Coué dans l'art itinérant de guérir. Mais peut-être les dieux épargneront-ils à notre déclin de nous muer en thaumaturges.

Dr Boven

(Privat-docent à la Faculté de Médecine de l'Université de Lausanne)

LE MESSAGE D'ÉMILE COUÉ

PAR

PIERRE BOVET

Professeur à l'Université de Genève
Directeur de l'Institut J. J. Rousseau et du Bureau International d'Education

Le nom d'Emile Coué m'était tout à fait inconnu, quand dans l'été de 1915 M. Charles Baudouin, introduit par M. Paul Souriau de la Faculté des Lettres de Nancy, nous offrit de faire à l'Institut J. J. Rousseau ce cours sur la suggestion dans l'éducation et la rééducation d'où est sorti ensuite le beau livre de notre Collection d'Actualités pédagogiques qui, bientôt traduit en anglais, devait faire la réputation mondiale de la nouvelle école de Nancy et de son fondateur. La première lettre que nous avons reçue de Coué est du 24 août 1915, mais quelques mois plus tard, nous avions le plaisir de le recevoir à Genève, du 5 au 11 mars 1916 : à l'Aula de l'Université, à la salle du Bourg de Four, dans nos locaux de la Taconnerie qui se trouvèrent beaucoup trop petits, des foules se pressèrent pour l'entendre.

Dès lors il voulut bien nous considérer comme des amis et il nous fit l'honneur d'inscrire notre nom parmi les membres de la Société Lorraine de psychologie appliquée.

Je n'ai revu Coué qu'une fois, à Genève. C'est dire que je l'ai bien peu connu, mais il m'a fait une impression durable.

Le contraste était en effet saisissant entre la simplicité du message et du messager et l'avidité ardente des auditeurs qui se pressaient pour l'entendre. Cela est resté pour moi un objet d'étonnement et de méditation.

Je viens d'écrire contraste, mais n'est-ce pas le contraire qu'il aurait fallu dire ? Ce message qui était une bonne nouvelle, ce messager qui était un apôtre, n'étaient-ils pas plutôt admirablement en harmonie avec les simples qui se pressaient pour les entendre ? Les enfants et les ignorants n'ont-ils pas, une fois de plus, saisi des choses qui sont restées cachées aux intelligents ?

NOTE SUR LA MÉTHODE D'ÉMILE COUÉ

PAR

le Dr HENRY BRANTMAY, de Genève

Le système de Coué a posé, dès son apparition, un problème délicat à la conscience du médecin. « Guérir », le grand mot d'ordre qui retentit depuis des siècles dans les rangs de l'armée médicale fut prononcé, semblait-il, avec un accent nouveau. Cependant la nouveauté de la méthode proposée parut, à un moment donné, assez contestable.

De tous les temps la suggestion fut pratiquée par les médecins. Souvenons-nous du célèbre chirurgien Jean-Louis Petit, qui, dit-on, a sauvé un malade désespéré par une hémorragie postopératoire en lui disant : Si ça continue comme ça, je serai obligé de vous saigner !

Aurions-nous donc, nous autres médecins, à l'instar du Bourgeois Gentilhomme, « dit de la prose » sans le savoir ? Je l'admets. Seulement, je crois qu'il ne suffit pas de « dire de la prose ». Il faut encore que ce soit de la bonne prose. Un maître de stylistique ne devrait pas être négligé. Je me plais à considérer Coué comme... un maître de stylistique. Ce ne fut pas (pour nous en tenir à la comparaison choisie) un grammairien desséché et pédant, mais quelqu'un qui, tout de même, avait le don... du style. Il avait de la *méthode*, *une* méthode. Méthode simple, simpliste, si vous voulez, mais une méthode !

Cette méthode, hélas, est devenue une doctrine. De ce fait elle a perdu des sympathies, comme quelques années auparavant, la psychanalyse, qui, après avoir été une méthode, a été érigé en doctrine. La doctrine de la suggestion avait dans son apparence de panacée universelle un défaut qu'un médecin ne saurait lui pardonner, — défaut qui, hélas, fait penser à la « Christian Science », cette grave et navrante aberration du sentiment religieux moderne ! Quand le traitement échoue, disait-on, ce n'est pas la faute du traitement, c'est la faute du malade ! (insuffisamment crédule, insuffisamment souple ou suggestionnable). Quand dans la vieille médecine classique et... « officielle » un traitement échoue, le médecin digne de ce nom avoue humblement l'insuffisance des moyens disponibles et l'impuissance du savoir humain sans adresser de reproches au malade, dont la souffrance pourrait s'accroître de ce fait.

Coué eut cependant le très grand mérite de mettre en lumière, de mettre à « l'ordre du jour universel », si j'ose m'exprimer ainsi, la question de la suggestion en donnant un procédé admirable de simplicité. Je crois que, ce faisant, il a rendu service à l'humanité. Certains engouements se dissiperont comme se dissipe une épaisse fumée issue d'une belle flamme. Les médecins étudieront avec sang-froid et sympathie (contradiction apparente) un moyen thérapeutique qu'on leur propose d'approfondir. Tout le monde y gagnera.

Et je crois que je puis, en ma qualité de médecin, après avoir dégagé Coué de ce qui déformait la beauté de son effort, lui rendre un simple et sincère hommage.

Genève, le 11 juillet 1926.

LETTRE

de Madame Henri Chabal
à M. Frank Abauzit

Paris, 31 juillet 1926.

Mon bien cher ami,

...J'espère que vous serez bientôt en possession des témoignages divers que vous réunissez sur notre grand ami Emile Coué. Son départ m'a profondément attristée. J'ai là sur mon bureau deux portraits de lui parus dans des journaux, sur un mauvais papier, et malgré cela, je retrouve avec émotion son regard observateur et compatissant et son sourire. C'est vous qui me l'avez fait connaître, vous en souvient-il ? Vous l'aviez amené rue Ampère ; il se rencontra chez nous avec plusieurs amis sur lesquels il exerça sa bienfaisante influence.

D'autres parleront de sa thérapeutique par l'autosuggestion, des miracles accomplis par sa méthode sur l'organisme physique : je l'ai surtout aimé pou sa pédagogie ingénieuse. Un de mes fils se préparait alors à son baccalauréat et disait son angoisse. M. Coué le prit par la main : « Travaillez, mon enfant, de votre mieux. Faites honnêtement tout votre possible, et puis allez à l'examen, hardiment, sûr d'être reçu. Cette certitude s'imposera à vos examinateurs. Préparer la victoire et y croire, c'est vaincre. »

Mon fils fut reçu. Depuis, il n'a jamais oublié les conseils de l'ami disparu. Il ne se passe pas de jour qu'il ne s'écrie gaiement : « Appliquons la méthode du « Docteur » Coué ! Agissons et croyons. Aujourd'hui, à tous points de vue, je vais de mieux en mieux ! » — Et il progresse, en effet. Car la foi et les œuvres mènent au salut.

Voilà, cher ami, la très modeste pierre que j'apporte au monument que vous allez élever à Monsieur Emile Coué. Elle ne mérite peut-être pas d'être insérée ? Mais c'est du fond du cœur que je m'associe à la tristesse et à la reconnaissance émue de ceux qui pleurent cet homme de bien et qui s'efforceront de faire rayonner un peu de sa foi, de son espérance et de sa charité.

Fidèlement à vous

JEANNE H. CHABAL

La théorie psychologique d'Emile Coué tient en quelques mots, qui ont été assez souvent bien compris et judicieusement commentés, pour que j'aie quelque chose d'essentiel à ajouter à ce qui a été dit. Je tiens seulement à apporter ici l'hommage de mon infinie reconnaissance pour l'homme dont l'enseignement a été un événement capital dans ma vie ntellectuelle.

ALPHONSE DE CHATEAUBRIANT

NOTE SUR ÉMILE COUÉ

PAR

le Dr Edouard Claparède
Professeur de Psychologie à la Faculté des Sciences
de l'Université de Genève

Lorsque, en 1915, je reçus une lettre signée « E. Coué » pour me recommander M. Baudouin qui désirait venir travailler à Genève, j'étais bien loin de me douter que ce nom, à moi totalement inconnu, serait, quelques années plus tard, l'un des plus célèbres de ce monde !

Depuis, j'ai rencontré Coué à diverses reprises, à Genève, où il est venu faire des conférences, et à Nancy, où j'ai suivi quelques jours ses séances de suggestion. Ce qui m'a frappé surtout, c'est sa patience inlassable : il répétait parfois, à deux heures de distance, et devant le même public, le même boniment, presque dans les mêmes termes, avec les mêmes plaisanteries, qu'il disait sur le même ton badin, en rallumant sa cigarette, comme s'il les sortait pour la première fois. Et je me suis rendu compte de l'influence que pouvaient avoir ces répétitions mêmes : en donnant à ses conseils un cachet de familier, de déjà-entendu, de « cela va sans dire », elles finissaient par leur conférer un caractère d'évidence bien propre à les ancrer au plus profond de ses auditeurs. J'ai goûté tout ce qu'avaient de délassant, de bienfaisant ses petits sermons laïques, qu'il prodiguait généreusement, de la façon la plus désintéressée.

Assurément, tous les jours, et à tous points de vue, Emile Coué a été un brave, un très brave homme...

LA MÉTHODE DE COUÉ

CONSIDÉRÉE AU POINT DE VUE DE

LA PSYCHOLOGIE THÉORIQUE

PAR

HANS DRIESCH

Professeur de Philosophie à l'Université de Leipzig

C'est en 1923, à Pékin, que j'appris à connaître la doctrine de Coué, dans l'excellente interprétation qu'en donne M. Charles Baudouin. Jusque-là je n'en savais rien ; les noms même de ces deux initiateurs m'étaient inconnus, ce qui s'explique par l'isolement intellectuel de l'Allemagne durant ces années. Invité à professer dans la capitale chinoise, j'y résidai durant sept mois. Afin de faire aussi bonne connaissance que possible avec l'Extrême-Orient, j'avais pris un abonnement de lecture à une petite librairie russe. Dans le catalogue de cette librairie je trouvai, entre autres : Baudouin, *Suggestion et Autosuggestion.* J'emportai ce livre à tout hasard, sans en attendre grand'chose ; *j'y ai trouvé une doctrine qui me fit un effet comme j'en ai rarement ressenti dans ma vie, pourtant assez longue déjà et nullement dépourvue d'impressions.*

Cette première impression persiste, elle s'est même affermie, grâce à mes méditations plus approfondies sur ce sujet.

L'œuvre de Coué et de Baudouin a une signification fondamentale et cela d'un triple point de vue : médecine, pédagogie et psychologie théorique.

Les exagérations occasionnelles d'adhérents trop zélés n'atténuent en rien sa grande signification *médicale*. De ces exagérations Coué et Baudouin ne sont nullement responsables ; jamais, en vérité, ils n'ont prétendu que la nouvelle méthode rendît superflu le concours du médecin physique, si j'ose m'exprimer ainsi.

Dans le domaine *pédagogique* la doctrine de Coué devrait être utilisée beaucoup plus qu'elle ne l'est actuellement, du moins en Allemagne. Chez nous la dépréciation pédagogique de la méthode de Coué, comme d'ailleurs de celle de Freud, est due premièrement au fait que jusqu'à ce jour, notre psychologie est encore trop « consciente » ; elle est fondée, en second lieu, sur un principe, bien intentionné certes, mais tout à fait erroné : on prétend que notre « dignité » humaine est lésée, si nous nous laissons traiter comme des objets soumis aux lois de la nature. Seul ce qui dérive du libre arbitre serait digne de l'homme. L'intention est bonne, sans doute. Mais si la réalité nous montre qu'il en est tout autrement et que dans certains cas la volonté, comme telle, non seulement se refuse, mais provoque le contraire de ce que l'on aurait désiré ? N'est-ce pas la réalité qui aurait alors le dernier mot ? La morale théorique peut esquisser une image de ce qui « devrait être » sans tenir compte des possibilités. La doctrine morale pratique, au contraire, ne doit jamais se poser un idéal, dont l'accomplissement serait impossible, voire contraire à la réalité. Un idéal, qui n'aurait point le respect des lois fondamentales du réel, ne serait, devant elles, qu'un faux idéal. Un peu plus d'humilité serait ici nécessaire. Un pédagogue, dédaignant les *lois* de la vie psychique, serait pareil au technicien, ne tenant pas compte de la mécanique. Le maximum du bien dans la mesure du possible, — c'est ce qui devrait être le mot d'ordre du technicien humain, du « pédagogue ». Or, dans ce cas, le possible est déjà très bien.

Pour la *psychologie théorique* la doctrine de Coué doit sa signification extraordinaire à la découverte d'une loi fondamentale nouvelle : ce que l'on appelle volonté est, il est vrai, efficace pour l'accomplissement de mouvements, mais elle est *inefficace*, lorsqu'il s'agit 1° d'influencer n'importe quelle fonction physiologique (dans le sens restreint de ce mot), 2° d'agir sur les états et les forces potentielles psychiques. C'est la représentation (« imagination » de Coué) qui prend alors la place de cette volonté. Mais l'imagination n'agit pas en tant qu'imagination consciente, le conscient comme tel n'agit jamais. Ce qui agit alors dans l'âme inconsciente, c'est un phénomène, se manifestant sur la surface consciente par *l'imagination imprégnée de foi*, et non par un fait volitif. Une telle conception peut, dès lors, influencer nos actions.

Dans mes « Problèmes fondamentaux de la psychologie » (page 214 et suivantes) j'ai demontré que le couéisme ne nous transforme nullement en automates. Il n'y a qu'un certain processus psychique qui s'effectue automatiquement, tandis que le courant psychique dans son ensemble doit être « voulu ». Cela veut dire qu'une personne doit, *en général*, vouloir la pratique de Coué ; plus tard, en ce qui concerne les résultats particuliers qu'on désire obtenir, la volonté doit être exclue et remplacée par la représentation, imprégnée du ton affirmatif d'un « cela sera ».

La doctrine de Coué ne résout donc point dans un sens négatif le problème de l'indéterminisme (libre-arbitre) pas plus, il est vrai, que dans le sens positif ; ce problème reste en suspens, comme avant. Car, répétons-le, au *début* de tout il y a ceci : « *Je veux* me soumettre à la pratique de Coué. »

Pour terminer, disons encore un mot sur les rapports entre la doctrine de Coué et Baudouin et celle de Freud, concernant les « complexes » et la psychanalyse. Ces deux doctrines ne se contredisent nullement ; au contraire, elles se complètent admirablement. Freud parle de complexes inhibiteurs, qui prennent spontanément naissance, et il veut les écarter par son analyse. Coué, au contraire, ne veut rien écarter; il veut *créer* des complexes, mais des complexes ayant un effet vivifiant et activant. Donc, l'un écarte le mal, l'autre crée le bien. Tous deux collaborent au salut des humains.

En vérité cet homme grand et bon qui vient de nous quitter a marqué son passage, dans l'histoire de la culture, d'un monument indestructible : « *Aere perennius* ».

(Traduit de l'allemand par Sophie Lorié.)

QUELQUES MOTS
SUR ÉMILE COUÉ

PAR

Adolphe Ferrière
Docteur en sociologie
Directeur adjoint du Bureau International d'Education

Etrange coïncidence : je venais de consacrer un long chapitre à Coué et à l'autosuggestion dans mon livre « Le Progrès Spirituel », quand les journaux m'ont appris la mort du maître. Il ne pourra donc pas lire ces pages, hélas ! Il n'aura pas la joie de voir un de ses disciples (par ailleurs très émancipé) lui dire sa reconnaissance. Il n'aura pas non plus, il est vrai, le regret de voir ce disciple émancipé formuler à l'égard de sa thèse quelques critiques assez fondamentales. Mais les aurait-il lues ? Je me prends à en douter.

Un souvenir personnel : c'était à Montreux, en août 1923, lors du IIe Congrès international d'Education nouvelle. Le cadre : un jardin d'hôtel, une réunion cosmopolite, ce que les Anglais appellent un « thé français » et les Français qui se respectent une *garden party*. Nous étions à une petite table ronde,

Emile Coué et moi, lui placide et peu causeur, moi très désireux de tirer de lui des explications. J'ai commencé par lui citer quelques cas où j'avais... suggéré l'autosuggestion à des enfants, cas qui avaient donné des résultats brillants. Il parut ne pas s'en émouvoir : cela lui paraissait tout naturel. Puis j'ai cité des cas où, malgré une technique impeccable — du moins me le semble-t-il — je n'avais pas obtenu les résultats attendus. Il se borna à répondre que j'aurais dû persévérer. Je lui ai cité alors des cas d'enfants rebelles à la suggestion, par « non-vouloir » et défiance toujours aux aguets, ou par faiblesse mentale ou nerveuse qui les faisait papillonner incessamment d'une idée à l'autre. Ici, le maître fut plus laconique encore : « Si le sujet n'accorde pas son adhésion, il n'y a rien à faire. » — Mais ne sont-ce pas ces malades par instabilité qui auraient le plus besoin de suggestion au calme ?

Bien qu'un peu déconcerté par le pessimisme de ce grand optimiste, j'ai continué à l'interroger, espérant le faire sortir de ses retranchements. Je lui ai cité des cas d'abus de l'autosuggestion : surmenage nerveux par bonne volonté d'altruisme chauffée à blanc ; des cas où des parents bien intentionnés ont abruti leur enfant en lui suggérant, avec trop de succès, de vouer ses loisirs à l'étude approfondie du latin. Je taxais de « réflexe de défense » — réflexe de légitime sauvegarde — l'ancienne rébellion de cet enfant à l'égard de l'apprentissage forcé du latin.

Cas graves, à n'en pas douter. Comment répondrait Emile Coué ? Il se contenta de lever les bras comme pour dire : « Que voulez-vous : il y aura toujours des gens mal embouchés de par le monde ! »

Alors j'ai sorti ma dernière flèche : « Ne croyez-vous pas que le succès de votre thèse provient du fait qu'elle présente un paradoxe, mais que ce paradoxe résulte d'un malentendu ? L'« imagination » que vous portez si haut n'est-elle pas la volonté dans son premier stade : l'intention qui visualise les conditions d'exécution ? Et la « volonté » que vous méprisez n'est-elle pas à son tour le produit mort-né d'un calcul tout cérébral et artificiel, l'« effort converti » de M. Ch. Baudouin, qui n'a rien de commun avec la volonté profonde, laquelle prolonge et réalise les instincts et tendances préformés dans le subconscient de l'individu ? Dès lors, n'est-ce pas un abus d'ordre linguistique, un abus dans le sens attribué aux mots, lorsque vous déclarez nul l'effet de la volonté et tout puissant celui de l'imagination ? [1] Beaucoup de phi-

[1] [M. Ferrière n'est certes pas le seul à critiquer l'emploi que fait Emile Coué du mot de volonté. Une mère de famille, qui a connu M. Coué personnellement et qui a toujours eu pour lui beaucoup d'estime et de sympathie, me disait naguère que c'était le seul point sur lequel elle ne pouvait le comprendre. « Pour moi, me disait-elle, la volonté c'est ce qu'il y a de meilleur dans l'homme, ce par quoi il peut, avec l'aide de Dieu, s'améliorer peu à peu.»

A tous ceux qui font à la doctrine de Coué de pareilles objections, je voudrais présenter quelques remarques qui peut-être les aideront à comprendre :

1° Les mots ont le sens qu'on leur donne ou plutôt le sens que

losophes déclarent que le monde progresse par l'effort de volonté intelligente et que l'imagination n'en est que l'auxiliaire docile — ou indocile ! Je me sens « moi » beaucoup plus dans l'effort de ma volonté profonde que dans mon imagination, même en ne limitant pas ce dernier terme à la « folle du logis ». Ai-je tort ? »

« Non, non, sans doute, répondit Emile Coué. C'est une affaire de mots, mais... »

On nous interrompit. Présentations. Elargissement du cercle. Le tête-à-tête ne put être repris. Le bref aveu du maître me semblait pourtant capital : il ouvrait la voie à une revision des valeurs de son « système » tout entier, bien qu'il se défendît d'avoir aucun système. J'en pouvais attendre au moins une revision des termes employés.

Aussi est-ce avec une impatience bien naturelle que j'attendais la conférence qu'il devait donner ce soir-là. Il ne pouvait plus, me semblait-il, répéter dans les mêmes termes ses anciennes déclarations ; logi-

l'on considère à tort ou à raison comme leur sens véritable, ou tout au moins leur sens principal.

2° Le mot volonté a plusieurs sens, parlons mieux, il en a une infinité. Il peut signifier élan vital, impulsion, spontanéité sentie comme telle, « vouloir vivre », désir calme ou passionné, instinctif ou réfléchi, effort conscient, délibération, décision, etc., etc.

3° Emile Coué a pris le mot volonté au sens spécial d'effort conscient, où l'on a le sentiment d'une résistance, où l'on se dit tout bas : « Je voudrais bien, mais je ne peux pas ! » Cette volonté-là, il a bien raison de le dire, est toujours vaincue d'avance. — F. A.]

quement, il ne pouvait guère ne pas répondre à mes objections, compléter son exposé, indiquer mieux ce qu'il entendait par imagination et par volonté !

Or, rien de tout cela ne se produisit. Sa conférence fut un triomphe de sérénité et d'optimisme. Elle répétait mot pour mot celle que vous avez lue, celle qu'il avait dite ailleurs, celle qu'il a redite depuis lors nombre de fois.

Certes, le bien qu'il a fait lui survit, mais le secret de sa pensée, il l'emporte dans sa tombe. Au fait, avait-il un secret ? Je pense plutôt qu'il avait un esprit simple et clair. Il devait écarter sans les analyser les cas complexes. Plus encore les cas d'ordre linguistique, comme celui que je lui avais soumis. Et j'incline à penser qu'il a dû avoir de moi une bien triste opinion. « Un monsieur qui coupe les cheveux en quatre », a-t-il dû penser.

Après tout, peut-être avait-il raison de le croire. J'ai toujours vu qu'il est plus facile d'arriver au bonheur avec un esprit simple, voire un brin simpliste, qu'avec un intellect trop compliqué. Heureux les simples ! Emile Coué, avec sa bonne figure roublarde de saint laïque, devait être un de ces heureux.

Genève, juillet 1926.

Coué a compris que la disposition d'esprit et l'état moral entretenaient et faisaient la moitié de la maladie. Il a mis une « confiance scientifique » et d'expérience en la puissance d'une thérapeutique de l'esprit. De très nombreuses guérisons ont prouvé la valeur de sa foi. Au surplus, il fut toute bonté et toute charité.

MAGALI HELLO

NOTE SUR ÉMILE COUÉ

PAR

le Dr Pierre Janet

membre de l'Institut, professeur au Collège de France

L'Institut de Psychagogie et de Psychothérapie me demande d'écrire quelques lignes sur l'œuvre d'Emile Coué et de réparer ainsi l'omission de son nom dans mes « Médications Psychologiques ». Les organisateurs de cet institut sont affligés d'une opinion peut-être un peu sévère qui s'est répandue dans le monde scientifique et qui jette le mépris sur cette œuvre. Beaucoup de médecins et de psychologues n'y voient que du pur charlatanisme et M. Piéron dans l'Année Psychologique la considère comme un retour à la thaumaturgie. On nous dit que ces sentiments sont déterminés par les exagérations de quelques disciples enthousiastes qui veulent voir dans l'œuvre de Coué « une étape de l'histoire de l'esprit humain » et qui arrivent ainsi à discréditer la méthode auprès des esprits sérieux ; ils prient qu'on ne se laisse pas illusionner par ces déclamations. Soit, cette accusation de charlatanisme et de thaumaturgie est peut-être un peu exagérée : il est juste de mettre à part ce qu'il y a de fâcheux et de puéril dans les enseignements de ce thérapeute optimiste, d'essayer de discerner ce qu'il y a d'intéressant et de mettre cette œuvre à sa place.

Emile Coué parle sans cesse de suggestion et de traitement par la suggestion : il s'agit là d'une thérapeutique assez connue qui a eu son heure de célébrité et d'efficacité et qui certainement n'a pas encore donné tout ce qu'elle pouvait donner. Elle a été subitement arrêtée dans son développement vers 1894, peu après la mort de Charcot, comme par une singulière catastrophe. Il ne serait pas mauvais de reprendre cette thérapeutique et de rechercher honnêtement ce qu'il y a d'intéressant dans les travaux des magnétiseurs et des hypnotiseurs. Si Coué avait voulu faire un travail de ce genre, nous n'aurions qu'à l'approuver. Rien n'était plus simple que de se placer à la suite de ces anciens travailleurs, de continuer leur œuvre et d'indiquer avec précision le point sur lequel on espérait la perfectionner. Emile Coué ne me semble pas avoir pris suffisamment cette attitude, il se présente au moins en apparence comme un révolutionnaire et un novateur. A la place de la suggestion de Bertrand, de Braid, de Bernheim, il met quelque chose qu'il croit tout à fait nouveau, l'auto-suggestion.

L'ancienne suggestion était faite sur le malade par une autre personne, par le médecin qui comprenait la maladie, qui se rendait compte du caractère dangereux de certaines croyances et de l'incapacité où était le sujet de les transformer à lui tout seul. Le médecin devait corriger les croyances fausses et donner au malade des croyances saines différentes : la suggestion fournissait un moyen de faire accepter ces croyances nouvelles par le sujet. La suggestion, en effet, est la détermination d'une croyance sans réflexion : de telles croyances présentent des avantages, elles sont souvent plus brutales et plus puissantes que les croyances réfléchies et surtout elles sont plus faciles pour des individus déprimés, peu capables de réflexion. Si on arrive, ce qui n'est pas toujours aisé, à faire naître chez des malades des croyances de ce genre bien choisies, à la place des croyances dangereuses que lui inspire la maladie, on pourra modifier certains troubles pathologiques.

Emile Coué prétend transformer tout cela : il veut, en théorie du moins, supprimer le suggestionneur, il veut que le sujet se donne à lui-même des suggestions utiles, qu'il arrive seul à transformer en croyances immédiates des idées saines et utiles tout à fait différentes de celles que lui inspire son sentiment maladif. Il est vrai que l'auto-suggestion est une chose réelle : il y a des croyances irréfléchies qui se constituent spontanément chez les primitifs, les enfants, les débiles mentaux. Enormément d'individus n'ont pas d'autres croyances que ces croyances sans réflexion que j'ai souvent décrites comme la première forme des croyances au stade asséritif. Bien des troubles maladifs ont été rattachés à des croyances de ce genre survenant chez des esprit fatigués pendant une période où la réflexion est insuffisante. N'a-t-on pas soutenu, non sans quelque exagération, que tous les troubles hystériques étaient dus à de telles auto-suggestions ?

Mais d'ordinaire, au moins chez les malades, ces croyances d'une forme primitive étaient dangereuses et mauvaises. En effet, les croyances formées sans réflexion sont déterminées par le sentiment dominant et chez le malade le sentiment dominant est en rapport avec ses faiblesses et ses troubles et ne peut inspirer que des croyances fâcheuses. La croyance ainsi formée exprime les troubles et ne fait que les exagérer. Il faut, dites-vous, qu'il se fasse de bonnes auto-suggestions, c'est entendu et c'est ce qu'il fait quand il est bien portant. Mais quand il est malade il ne peut pas à lui tout seul croire à sa bonne santé quand sa croyance ne peut être que l'expression de son sentiment de maladie. Comme le disait M. Bonjour de Lausanne, on peut en exerçant une pression sur un levier soulever un poids, mais le levier est incapable de soulever le poids à lui tout seul quand il ne fait que lui céder. Si les malades de Coué étaient capables de se faire à eux-mêmes ces belles auto-suggestions, ils ne viendraient pas le chercher, car ils ne seraient pas malades du tout.

Tout cela Coué le sait fort bien, il sait que la répétition des exercices puérils qu'il recommande n'amènerait que la révolte intérieure s'ils n'étaient pas ordonnés par lui avec son autorité et son prestige. Il est bien loin de supprimer en fait l'influence étrangère : il fait lui-même des expériences de suggestion en public et il nous montre de nouveau, en les démarquant légèrement, toutes les anciennes expériences de Bernheim. C'est lui qui dicte au sujet les formules sacrées, c'est lui qui se sert habilement des procédés classiques de la détente et de la distraction pour transformer ses formules en croyance assséritives, car il sait bien ne pas pouvoir en faire des croyances réfléchies. Il conseille à ceux qui n'ont pas suffisamment compris sa méthode (c'est-à-dire qui ne sont pas guéris tout de suite) d'assister encore à quelques séances chez lui ou chez ses disciples qui ne sont peut-être pas toujours aussi désintéressés que lui-même. En un mot, il parle « de la régularité des séances à intervalles rapprochés » exactement comme faisaient les psychothérapeutes de l'école antérieure. Mais il fait tout cela en changeant les mots : il n'est pas le moins du monde suggestionneur, il est simplement professeur, un petit professeur qui se borne à indiquer au sujet une opération de l'esprit lui permettant de se guérir lui-même. Il affirme qu'il ne fait rien du tout, que le sujet fait tout lui-même ; mais il évite de faire remarquer qu'il faut tout autant de séances chez le thérapeute qui ne fait rien que chez le thérapeute qui faisait quelque chose.

Pourquoi donc toutes ces affirmations paradoxales et au fond peu correctes ?[1] Il n'est pas difficile d'en apercevoir la raison : l'école de Bernheim que ces auteurs essayaient de ressusciter était tombée sans que l'on ait bien compris les raisons de sa chute. On les avait attribuées à des vices moraux de la pauvre suggestion qui abaissait, paraît-il, la dignité du malade en développant en lui des actes automa-

[1] [A M. Pierre Janet, dont la collaboration nous est si précieuse et si honorable ; au grand psychologue, dont tout esprit un peu informé doit reconnaître et la pénétration clairvoyante et la rigoureuse probité scientifique ; à M. Pierre Janet puis-je avouer ici que je ne suis pas tout à fait d'accord avec lui ? Oui, je l'oserai, sûr qu'il me pardonnera ma témérité, et la rudesse de ma franchise.

Assurément, j'en conviens tout d'abord, dès qu'on avait vu d'un peu près Emile Coué, on ne pouvait mettre en doute sa perspicacité, sa finesse, son solide bon sens. En outre, on était frappé de l'influence qu'il exerçait, par ce qu'il avait de plus personnel, sur ceux qui venaient à lui. Ajoutez enfin que ce qu'il répétait le plus volontiers peut-être, c'était ceci : « Vous avez en vous-mêmes tout ce qu'il faut pour vous guérir ; je suis seulement le monsieur qui vient vous dire : Regardez donc cet admirable instrument que vous avez en vous, dont vous avez fait jusqu'ici, par ignorance, un déplorable usage, et apprenez donc à vous en servir comme il faut ! »

De ces trois constatations, irrécusables toutes les trois, M. Pierre Janet semble tirer la conclusion logique. Et pourtant je ne suis pas de son avis. Ceux qui ont eu le privilège de pénétrer assez avant dans l'intimité d'Emile Coué savent bien qu'à aucun degré, Emile Coué n'était un charlatan. Il était parfaitement sincère et croyait dur comme fer à l'authenticité de son évangile, de la « bonne nouvelle » qu'il apportait aux hommes. Je dirai si l'on veut qu'enivré de sa foi, il ne voyait pas ce que son prestige per-

tiques de valeur morale inférieure : « On ne lui apprenait pas à faire des *actes* dans toute la force du terme. » Cette accusation, comme je l'ai montré, était absurde et insignifiante ;[1] c'était simplement un prétexte donné pour expliquer le revirement du public et des médecins, mais l'école de Coué semble l'avoir pris au sérieux. Comme elle voulait exploiter la marque de Bernheim, elle a essayé de la laver de cette accu-

sonnel ajoutait de force et d'efficacité à sa simple doctrine. Naïveté touchante, aveuglement du génie qui, perspicace pour tout le reste, ne se voit pas lui-même. Mais je dirai plus encore : à mes yeux, cette foi aveugle de Coué en l'efficacité de sa doctrine, si elle n'avait rien de scientifique, avait une très haute portée morale. Elle lui donnait d'une part cette humilité et cette modestie que nous admirions en lui. D'autre part elle exerçait sur tous ceux qui l'approchaient une influence bien plus profonde qu'aucune théorie scientifique n'aurait pu le faire.

Après tout, l'attitude morale proprement dite ne suppose-t-elle pas une foi aveugle dans la dignité de l'esprit humain ? Pour éveiller chez un homme le sentiment qu'il peut arriver à devenir son propre maître, à être vraiment libre et vraiment cause de ses actes, rien ne vaut l'acte de foi de celui qui lui dit : Tu peux être cet homme-là ! Coué savait très bien discerner l'influence passagère qu'exerçait sa parole et l'influence durable de l'autosuggestion née de la pensée autonome de l'individu. Peut-être s'exagérait-il la « facilité » de cette conversion qu'il prêchait, de l'esclavage des mauvaises habitudes mentales à la liberté de l'esprit, grâce à ce qu'il appelait dans son langage « l'autosuggestion consciente ». Mais plus il croyait cette conversion facile, plus il avait de force persuasive pour en convaincre les autres, et pour les convaincre de manière à les guérir tout à fait.

Du reste, ce que je viens de dire à ma façon, M. Janet va nous le dire lui-même tout à l'heure, à la sienne. — F. A.]

[1] *Les Médications Psychologiques*, 1919, I, p. 310-317.

sation. Aussi dira-t-elle au sujet que la suggestion vient de lui-même, rien que de lui-même, que l'opérateur n'est rien, quoique sa présence soit indispensable, on ne sait pas pourquoi. A ces faibles, à ces abouliques habitués à s'accrocher à tout le monde, on déclarera qu'« ils vont guérir tout seuls, rien que par eux-mêmes ». Mais pour qu'ils ne soient pas effrayés par la perspective de l'effort personnel, on leur prouvera qu'ils n'ont à faire aucun travail, qu'il leur suffit de détendre leur volonté fatiguée et qu'ils feront des merveilles en ne faisant rien du tout.

Tout cela est évidemment très pratique : Quand l'hypnotisme tombait et qu'il effrayait le malade, on l'a rendu bénin, bénin en l'appelant hypnoïdisation, recueillement, détente ; quand la suggestion a semblé peu attrayante, on l'appelle « auto-suggestion «. Ce sont là de bonnes paroles qu'il peut être utile de dire à certains malades pusillanimes, de même que l'on se sert des pilules de *mica panis* ; on a le droit de chercher à séduire le malade et le client, et cela peut même être utile pour le traitement. Mais ces affirmations puériles et contraires à l'évidence doivent-elles devenir le fond d'un enseignement scientifique ? C'est là le point délicat. C'est à cause de ces déclamations, de ces jeux de mots que s'est établie, peut-être avec exagération, une certaine réputation de charlatanisme. Si on ne veut voir dans les enseignements de Coué que ces prétendues méthodes de suggestion, on ne peut pas dire que le reproche soit tout à fait injuste.

Mais n'y a-t-il que cela dans l'œuvre de Coué et la théorie qu'il donne lui-même de son influence thérapeutique n'est-elle pas inexacte, comme cela arrive si souvent ? Coué se rattache-t-il réellement à l'école de Nancy, comme il le croit et fait-il réellement de la suggestion, si on prend le mot dans le sens précis ? Ne doit-il pas être compris autrement qu'il ne se comprend lui-même et que ne le présentent ses disciples ?

Depuis longtemps les philosophes et les moralistes ont enseigné des doctrines optimistes qui même dans le traitement des maladies font appel au courage et à l'énergie humaine. J'ai eu l'occasion de présenter un historique rapide de ces thérapeutiques par l'excitation qui me semblent être fort différentes des thérapeutiques par la suggestion [1]. Pour ne parler que des contemporains, W. James, Forel, Vittoz, et en France un thérapeute fort intéressant et trop méconnu, Coste de Lagrave, avaient déjà très bien parlé du traitement par les croyances réconfortantes. Mais il y a surtout une école curieuse qui s'est développée en Amérique, l'école de la « New thought » qui se rattache bien à cette inspiration. Cette école, sortie de l'enseignement du fameux P. P. Quimby, le maître de Mrs Eddy, était tombée dans l'oubli ; elle a été ressuscitée à cause du succès de la « Chris-

[1] *Les Médications Psychologiques*, 1919, III, p. 139.

tian science » et en concurrence avec elle. J'ai signalé un certain nombre des petits livres inspirés par le « New thought movement », ceux de MM. H. Jackson, R. Ebbard, H. Heubner, Th. F. Adkin, W. Atkinson, X. Lamotte Sage, etc. qui indiquent des méditations à faire dans la solitude, des phrases optimistes que l'on doit répéter indéfiniment : « J'ai réussi, je réussirai, il faut que je réussisse, rien ne m'empêche de réussir, je ferai un succès de ma vie... Ma volonté est forte, personne ne peut résister à mon influence... Je puis contrôler les autres, etc. » Depuis très longtemps je voyais venir à la Salpétrière de pauvres femmes déprimées et asthéniques qui portaient dans leur corsage de petits papiers où étaient écrites en grosses lettres les formules qu'elles répétaient : « Je suis forte, très forte, ma volonté sera très forte devant les hommes et ne sera nulle que devant Dieu... Personne ne peut résister à mon influence, je suis décidée à réussir... » Je dois ajouter, hélas ! qu'il s'agissait de pauvres femmes déprimées et horriblement timides qui ne réussissaient rien du tout. Mais on ne peut pas nier absolument que dans certains cas ces petites formules n'aient pas rendu quelques services. Il faut surtout qu'elles soient recommandées par une personne capable d'exciter la sympathie et de communiquer du courage.

Sans doute Coué n'a pas inventé ces petites formules à réciter, pas plus qu'il n'a inventé l'examen de conscience, ni la prière en se couchant. Quand il fait répéter par le malade : « tous les jours à tous les points de vue je vais de mieux en mieux », il n'invente rien et ne fait pas faire de nouveaux progrès à la médecine. Mais il a rendu service à beaucoup de pauvres gens qui sont si heureux quand on s'occupe un peu d'eux et quand on leur dit une bonne parole. Quand un homme énergique et qui paraît sûr de lui leur répète : « Pensez toujours que ce que vous avez à faire est une chose facile, bannissez de votre vocabulaire les mots « difficile, impossible, c'est plus fort » que moi », ces mots ne sont pas français », il les console et les réconforte. Son entrain, son optimisme invincible l'avaient admirablement préparé à ce rôle et lui permettaient de le jouer dans la perfection.

Coué se rattache à cette thérapeutique peu connue et surtout peu et mal définie scientifiquement, la thérapeutique par l'excitation. Cette thérapeutique, en utilisant diverses influences, et souvent des influences sociales, essaye de relever au moins momentanément le niveau mental d'un malade et d'augmenter la quantité de ses forces psychologiques. Coué n'a pas fait la théorie de cette thérapeutique, il en a fait la pratique. L'attrait exercé par sa simplicité, sa bonhomie, son désintéressement était très grand. A Nancy, dans sa propre maison, grâce à sa notoriété, à l'ambiance, à la conviction confinant au fanatisme qu'il inspirait, il devint par son exemple et par sa parole une grande source d'excitation.

Il est vrai que ces qualités personnelles se transmettent difficilement à une école et ne peuvent guère s'enseigner, mais il a été mieux qu'un théoricien et un chef d'école, il a été l'un des apôtres de cette thérapeutique par l'excitation des forces de l'esprit qui n'est pas encore comprise, mais qui aura peut-être plus tard un grand développement.

Coué survivra à son passage de mode, lequel ne saurait tarder, grâce au fait que jamais homme simple ne fut si conscient lui-même de sa simplicité. Coué a appliqué d'une façon singulièrement simpliste le principe dont tous les esprits créateurs de tout temps se sont servis. Il l'a compris, également, d'une façon singulièrement simpliste. La vie n'est pas si mécanique que cela... Mais il a eu *raison*, tout de même, en tout ce qu'il a dit et fait d'essentiel. Rendons donc hommage à un homme, dont l'exemple prouve, mieux peut-être que celui de tout autre, que la vérité est vraiment à portée des plus humbles, si seulement ils sont honnêtes et sincères et s'ils aspirent au bien.

COMTE HERMANN DE KEYSERLING

A PROPOS D'ÉMILE COUÉ

PAR

le Dr ALEXANDRE LESTCHINSKI,
de Territet-Montreux

C'est à Genève, à la réunion du Comité de la Société internationale de Psychagogie et de Psychothérapie, dont Emile Coué était un membre d'honneur, que j'ai appris, avec tristesse, la mort de ce dernier. Par la pensée je me suis transporté à quatre ans en arrière, lorsqu'un matin je vis entrer dans mon cabinet de travail ce robuste et sympathique vieillard. Son ami Charles Baudouin lui avait manifesté mon désir de le connaître et de l'entendre ; Coué aimablement voulut bien s'arrêter quelques jours chez moi. Dès lors, soit dans mon intérieur, soit chez des amis ou encore en public, j'ai vu opérer Coué, mais c'est de nos entretiens, de nos discussions en tête-à-tête que j'ai conservé le souvenir le plus vivant.

Il aimait à me répéter qu'il n'était qu'un professeur de suggestion, mais non un guérisseur.

Je me gardais de mettre en doute ses capacités pédagogiques. Mais je savais d'autre part qu'il intervenait dans ses séances d'autres facteurs psychologiques : sa notoriété, sa conviction confinant au fanatisme, l'ambiance particulière qui se dégage des assemblées nombreuses, etc.

La foule qui s'adressait à lui ne venait pas seulement pour apprendre une méthode ; un très grand nombre venait pour trouver la guérison.

Les visiteurs voyaient Coué procéder souvent sur des patients qu'il avait améliorés ou guéris tout récemment. L'intérêt, l'émotion de ces hôtes nouveaux grandissaient au point de faire remonter en eux la tension nerveuse. Quant à la suggestibilité, elle s'accroissait aussi, en vertu de leur état névropathique et du spectacle inédit auquel ils assistaient.

La personne qui réunissait en elle tous ces *facteurs excitants*, tous ces moyens suggestifs était bien Coué, et c'était bien lui — guérisseur sans le vouloir — qui atteignait ces résultats ! Dans nos conversations je me rendais mieux compte que les personnes tout à fait saines se dérangeaient plus rarement pour apprendre des choses qu'elles estimaient ne pas les toucher. Celles qui suivaient régulièrement les séances de Coué, étaient troublées par des maux divers ; leur volonté, mise à l'épreuve pour soutenir la lutte, était épuisée.

Envers elles l'animateur de Nancy au début de ses démonstrations se montrait fort bon observateur lorsqu'il proclamait l'urgence de s'affranchir de tout effort de volonté pour la réussite !

On sait assez que sa méthode est basée sur la suppression de l'effort volitif, mais combien les épuisés ou les excités étaient favorablement impressionnés par cette invitation ingénieuse !

Ces patients, fréquemment, avaient vu trop de médecins se contredisant en tout le reste, mais s'accordant tous à leur promettre la fin de leurs misères s'*ils voulaient* les aider ; mais comme ils ne pouvaient le vouloir et qu'ils s'épuisaient dans ces luttes, Coué les affranchissait d'un seul coup, en réclamant d'eux l'abolition de tout effort ! Aux faibles, aux abouliques, habitués à s'accrocher à tout le monde, il déclarait qu'ils allaient guérir par eux-mêmes ! Le levier curatif que leur révélait Coué, c'était leur subconscient. C'est un mot que la plupart ont peut-être entendu, mais qu'un bon nombre méconnaissent.

Les exemples et les exercices fort simples présentés par Coué faisaient comprendre aux spectateurs ce que l'on désirait d'eux. La croyance en Coué augmentait et l'état émotionnel, que ces réunions entretiennent, sensibilisait davantage la suggestibilité naturelle. Venait enfin la suggestion détaillée de Coué : claire, bien construite, impérative, affirmativement optimiste. Aussi je n'étais guère surpris, si de nombreuses personnes se sentaient transformées, transportées par des forces qu'elles jugeaient inconnues. La foi, qui a toujours fait des miracles, venait parachever l'œuvre. En dosant ces moyens psychologiques, Coué se comportait en guérisseur avisé.

Enfin je n'oublie pas l'attrait exercé par la simplicité, la bonhomie et le dévouement désintéressé de cet homme qui comprenait son enseignement comme un apostolat. Je déduis sans peine de là le rôle que jouait l'*ascendant personnel* de Coué, facteur psychothérapique de premier plan.

* * *

Si la renommée grandissait dès 1920, il est juste de dire que les critiques adressées à Coué ne faisaient pas défaut. Elles sont de telle nature que je trouve nécessaire de m'y arrêter. Certains de ses disciples, trop naïfs ou trop intéressés, paraissaient promettre au public des choses invraisemblables. A les entendre, la formule de Coué avec la ficelle à vingt nœuds prenait la place de quelque incantation omnipotente et fétichiste à tel point que le public cultivé, fréquemment, se détournait de Coué et semblait oublier ses conseils de prudence lorsqu'il insistait sur le « domaine du raisonnable ». Ces faux prophètes, indubitablement, ont fait du tort à l'animateur de Nancy, sans qu'il parût se rendre compte de leur influence délétère. Je me hâte de laisser ces guérisseurs à leurs magies pour m'arrêter, plus longuement, à d'assez nombreuses critiques médicales.

Quelques médecins reprochaient à Coué de détourner les malades des prescriptions pharmaceutiques et des régimes ; pour eux, toute alliance entre les médecins et lui devenait de ce fait impossible. Ces accusations sont erronées. Coué a constamment essayé de collaborer à l'œuvre des médecins, dont quelques-uns l'ont aidé efficacement un peu partout, dans les applications de sa méthode.

130 ans avant J. C., Posidonius, sur son lit de souffrance, se serait écrié : « Douleur, tu n'es qu'un mot ! » Un médecin en déduisait que Coué était un plagiaire ! Or Coué développait devant les foules les notions assez récentes de la subconscience qui, autant que je le sache, n'était connue pas plus des stoïciens que de Posidonius.

« Coué est un plagiaire, il a copié Bernheim ! » s'écria-t-on. En effet, il a subi l'empreinte du célèbre psychothérapeute, mais ses conceptions sont différentes. Il suffit de lire la « Psychologie de la Suggestion et de l'Autosuggestion » de Ch. Baudouin pour en être convaincu.

On dit que le qualificatif « inconscient » que Coué ajoute est une des nombreuses inutilités du système. Coué, vivant à notre époque, où l'on s'occupe beaucoup de l'imagination et de la subconscience, a eu raison de préciser que l'autosuggestion est inconsciente ; avec cette réserve cependant, et en cela d'accord avec les suggestionneurs réputés, comme Bernheim, Hartenberg, Valentin, Grasset, il recommandait, en maniant la suggestion, de ne point s'adresser directement à l'automatisme, mais au psychisme entier.

« Coué n'est même pas l'inventeur de l'autosuggestion : il y a 25 ans que le Dr P. E. Lévy a traité ses patients par l'autosuggestion raisonnée et consciente. » Cette méthode est un procédé de persuasion qui sert à développer l'attention et à entraîner la volonté ; elle n'a donc point d'analogie avec celle de Nancy.

On est allé jusqu'à se griser de visions : l'engouement pour Coué serait pareil aux vagues traîtresses. Ces flots devaient passer et laisser derrière eux des cadavres de malheureux, trop confiants dans le système Coué, au point d'avoir négligé de se soigner à temps ! La colère aveugle certains critiques. Rappelons-leur le dicton latin : ira furor brevis est.

On dit ailleurs : « C'est le médecin qui doit diriger le filtre qui tamise les suggestions et arrêter les mauvaises. » De quels médecins veut-on parler : des auristes, des oculistes, des orthopédistes ou des médecins de campagne ? Mais tous vous répondront qu'ils ont autre chose à faire qu'à jouer le rôle des psychopompes. Un bon nombre même avouent tout bas que les lignes écrites, il y a 25 ans, par A. Forel, se justifient encore de nos jours : « La plupart des médecins sont aujourd'hui encore des profanes en matière de suggestion et de psychothérapie. C'est une profonde lacune dans les études médicales... »

On insinue : Coué exerce son emprise par sa simplicité, sa bonhomie ; il est du reste bien « un simple », un élémentaire. Que les apparences sont trompeuses ! Il suffisait du reste de scruter sa physionomie pour constater que sous des traits empreints de cette bonhomie candide, se cachaient le robuste bon sens et cette finesse doublée d'un certain artifice. Ce sont ces qualités qui lui permettaient de s'adapter si bien au niveau des masses: cette simplicité était sa force; s'il avait été compliqué, les foules ne l'auraient jamais suivi.

Somme toute, ajoute-t-on, ce mouvement, créé autour de l'autosuggestion, c'est une nouvelle pratique déguisée de la médecine, et par là on veut ignorer que la plupart des instituts nés sous l'influence de Coué et de Baudouin sont dirigés par des médecins ou des pédagogues et psychologues lorsqu'il s'agit d'éducation.

En définitive, continue-t-on, Coué et ses disciples s'adressent aux malades mythomaniaques ou se mentant à eux-mêmes et à ceux qui imaginent leurs maux. On connaît du reste la tendance médicale moderne, issue de l'école de Dupré et Logre, d'évoquer l'imagination comme source des misères psychiques. Les disciples zélés de ces maîtres n'ont-ils pas classé d'innombrables nerveux sous la rubrique des « petits mentaux » ? On aurait pu penser qu'il existât dans cette école un procédé spécial et pratique visant la correction de l'imagination déréglée. Or, sauf les exhortations et les clichés connus, ce procédé n'existe pas.

Il y aurait encore à passer en revue bien d'autres critiques adressées à Coué et à ses disciples ; la place manquant, il est temps de conclure. Aux psychologues et aux médecins qui se sont donné la peine de suivre les applications pratiques de Coué et l'enseignement psychologique de Charles Baudouin, la méthode de l'autosuggestion apparaît comme originale et utile.

1. Elle répond aux notions psychologiques modernes, tenant compte de l'influence, parfois considérable, jouée par le subconscient dans la conduite humaine.

2. Elle vise à la culture de l'affirmation optimiste et se sert pour cela d'une technique spéciale. D'autres psychothérapies font appel à cette affirmation sans indiquer de règles fixes et simples.

3. Aux psychothérapeutes, qui fréquemment invoquent le dérèglement de l'imagination comme source des misères névropathiques, la méthode Coué devrait apparaître comme un utile auxiliaire. Pour ma part je persiste à croire qu'on exagère beaucoup les méfaits engendrés par l'imagination, que l'on devrait délimiter et définir. Il semble, par moment, que maintes autres opérations de la pensée soient de l'imagination. Dans d'assez nombreux cas de certaines névroses, la suggestion médicale associée à l'autosuggestion réfléchie a été capable d'améliorer grandement ou de guérir la dépression nerveuse du fait que cette méthode a relevé la tension nerveuse.

4. Comme présentement la plupart des médecins n'ont guère le temps de « doser la suggestibilité », l'idée de Coué en créant des instituts est excellente. Pour ma part, je les considère comme une amorce heureuse pour hâter, dans les stations urbaines, la

création de petits centres d'application de prophylaxie nerveuse. Ils seront différents de ceux qui existent et qui sont dirigés par les aliénistes. Beaucoup de ces « petits mentaux » évitent, et cela certainement à tort, ce qu'ils nomment les « pièges à fous » ! Ils trouveront d'utiles conseils dans les instituts de Coué.

5. On a prétendu que le « Couéisme » est une régression aux temps préhistoriques. C'est en se donnant la peine de se documenter dans les écrits publiés par la Nouvelle Ecole de Nancy qu'on trouvera la meilleure réponse ; il est probable alors qu'on ne restera plus figé en face des seules notions rudimentaires de la ficelle à vingt nœuds et de la formule bien connue.

Une étude impartiale fait apprécier combien cette méthode — qu'on doit le plus souvent associer aux autres procédés psychiques — est une méthode pratique pour le traitement des névrosés.

* * *

Certaines démonstrations amicales, ou trop naïves ou trop suspectes ; certaines critiques, ou trop partiales ou trop passionnées, de ses détracteurs, ont certainement nui à Coué et à sa méthode. Quant à moi, je garde une confiance robuste dans le travail et les applications pratiques de ses honnêtes disciples, pour continuer l'œuvre bienfaisante et utile du regretté disparu.

Carpent tua poma nepotes.

QUELQUES PAROLES SUR ÉMILE COUÉ

PAR

Mlle Sophie Lorié

Cela paraît invraisemblable : Coué vient de mourir. Jamais à l'image de cet homme ne s'associait la notion de la mort. Il semblait qu'il vivrait longtemps, très longtemps, jusqu'aux limites du possible. Cette impression est due, sans doute, à l'opinion courante que la vie est un bien...

D'autres loueront ou critiqueront sa méthode du point de vue scientifique ; du point de vue médical, psychologique ou pédagogique. Pour moi, je voudrais simplement rendre un hommage, faible et imparfait — hommage presque silencieux — à l'homme, grand, simple et bon, incompris et solitaire sans doute, comme le sont tous les hommes. Dans sa simplicité, il n'était même pas conscient de sa grandeur : et c'était là justement son charme.

L'homme n'est plus, mais son œuvre demeure. Qu'est-ce que l'œuvre d'un homme ? Est-ce une chose qui existe par soi-même ? Est-ce la chose, ou plutôt *les* choses que les continuateurs en feront ? Il y a du vrai des deux côtés. Comme toujours, sur la tombe à peine fermée d'un homme dont la vie a été féconde, les opinions disparates, les discussions, voire même les passions surgissent et se déchaînent. Chacun voudrait hériter de toutes les richesses spirituelles du défunt, pour les administrer à sa manière et sans partage — posséder seul les « clés du royaume ». — Tout cela est humain, trop humain. Ce sont les phénomènes passagers, au-dessus desquels règnent les Idées éternelles, dont les phénomènes sont les ombres faibles et vacillantes. Rien n'est précieux dans le phénomène, sinon le reflet de l'éternel. Tout passe, tout s'écoule comme l'onde, l'Idée seule demeure, l'Idée éternelle du Vrai, du Bien et du Beau, illuminée et réchauffée par l'Amour.

N'est-ce pas au nom de l'amour que vivait et agissait Coué ? Il avait l'amour en lui, l'amour inconscient et organique, si l'on peut dire. Il souriait à l'humanité malade et la faisait sourire de ses propres maux. Il remplaçait le lourd devoir qu'impose la volonté tendue par le jeu de l'imagination ailée. Il allégeait le fardeau si pesant quelquefois de notre conscience en faisant appel au subconscient, source insondable et riche, encore si peu connue, mais qui agit en nous sans trêve. Il était l'Ami de ceux qui souffrent dans leur chair ou dans leur âme ; il les aimait allégrement.

Puisse un tel amour nous inspirer tous ! Ce serait le plus bel hommage, un monument que rien ne pourrait égaler, invisible et indestructible, à la mémoire de notre ami disparu.

LE SECRET
DU SUCCÈS D'ÉMILE COUÉ

PAR

le Dr Montagu S. Monier-Williams
Médecin-chef de la Clinique
pour maladies nerveuses de Chelsea, à Londres

Maintenant qu'Emile Coué, cet homme si bon et si grand, nous a été enlevé, il est naturel que nous nous demandions quelles sont les raisons de son merveilleux succès. Certes Coué n'était pas un psychologue théoricien et dans son enseignement il y avait bien des choses que n'approuvaient guère les spécialistes de la psychologie ; mais comme psychologue praticien, il n'a pas eu son pareil dans le monde, parce qu'il se rendait compte exactement de ce que les gens aimaient à savoir, quant au contenu de leur pensée, et aussi de ce qu'ils préféraient ne pas savoir ; et ce qu'ils désiraient apprendre, il le leur enseignait dans le langage le plus simple possible, langage qu'ils croyaient tous comprendre.

Il savait par exemple que, pour une raison ou pour une autre, il y a un grand nombre de gens qui n'aiment pas entendre parler, ou parler eux-mêmes de leur inconscient, et qui semblent presque en avoir peur. Alors que faisait-il ? Tout simplement, il baptisait l'inconscient du nom d'« Imagination », et là-dessus ses auditeurs étaient enchantés de s'instruire ; en tous cas, ils ne songaient pas à en avoir peur. Ce fut peut-être là le plus grand trait de génie de Coué, qui sans contredit était un génie.

Coué savait aussi que la plupart des gens ont une certaine répugnance et presque une terreur de l'hypnotisme, et que même la suggestion à l'état de veille ne leur plaît pas. Aussi, bien qu'il fût un hypnotiseur habile et qu'à la suite de l'illustre Bernheim il eût pratiqué les méthodes de suggestion hypnotique instaurées par la célèbre école de Nancy, il renonça à la pratique de l'hypnotisme, et en même temps se mit à enseigner que les phénomènes de suggestion ne sont au bout du compte que des phénomènes d'autosuggestion. « La suggestion n'existe pas, disait Coué, ce qui existe réellement, c'est seulement l'autosuggestion. » De cette affirmation, tout le monde fut enchanté, et les gens affluèrent à Nancy pour apprendre de lui comment ils pouvaient se guérir des maux les plus divers, toujours par la pratique de l'autosuggestion. Grâce à la simple adjonction de ce préfixe « auto » au mot de suggestion, Coué eut soudain le succès le plus merveilleux, tout en faisant au fond la même chose que bien d'autres avaient tâché de faire avant lui, mais avec infiniment moins de succès, tout simplement parce qu'ils ne s'étaient pas servis de ce préfixe magique « auto », qui, dans la pratique de Coué, donnait à chacun la confiance indispensable pour obtenir le succès. Une mère qui n'aurait jamais consenti à laisser pratiquer sur son enfant de la suggestion, acceptait volontiers l'autosuggestion. C'est ainsi que Coué fit à Nancy d'innombrables suggestions, comme Bernheim l'avait fait avant lui, mais il ne les pratiquait qu'à l'état de veille ; et il les faisait collectivement, à des foules réunies, d'une manière qu'on n'avait jamais tentée auparavant. Et tous ces gens, ces foules qui venaient à Nancy pour apprendre la méthode d'autosuggestion d'Emile Coué, méthode si simple qu'il suffisait d'un quart d'heure pour l'enseigner, ces gens restaient à Nancy pendant des semaines, parce qu'ils trouvaient que cela leur faisait le plus grand bien de recevoir les suggestions que leur donnait Coué. On ne peut douter en effet que son succès était dû à l'entière confiance que les gens avaient en lui comme suggestionneur, car il était si simple, si sincère, si bon, si persuadé lui-même de la vérité qu'il enseignait, qu'il ne pouvait pas ne pas réussir ; en outre, il n'acceptait jamais d'argent de personne, et c'était peut-être là, de son merveilleux succès, le facteur le plus important.

Et puis, les gens aiment beaucoup la répétition, et Coué lui-même avait une foi profonde dans l'efficacité de la répétition purement machinale. En fait, il a répété les mêmes suggestions un nombre de fois incalculable, sans presque jamais y changer un mot, pendant quinze ans ou même davantage, devant des foules toujours plus nombreuses. Durant les six dernières années de sa vie, je suis allé quatre fois à Nancy à des intervalles d'un peu plus d'un an, pour voir de mes propres yeux le développement de son œuvre admirable, et je le trouvai toujours répétant les mêmes paroles, avec des variations insignifiantes. Cette répétition constante des mêmes mots ne paraissait jamais le fatiguer, amoindrir ni son zèle ni son intérêt, et j'en sais beaucoup qui estiment que son succès est dû en bonne partie à cette faculté vraiment extraordinaire qu'il avait de répéter à perte de vue des mots très simples, toujours les mêmes, des mots que tout le monde pouvait comprendre, et qui n'avaient besoin d'aucune explication. Sa fameuse méthode d'« autosuggestion consciente », elle aussi, comme chacun le sait, consiste tout bonnement dans la répétition machinale d'une formule, d'une phrase de quelques mots. Cette méthode est si simple que n'importe qui peut la pratiquer, après en avoir lu quelque part l'énoncé, sans avoir besoin que quelqu'un d'autre la lui apprenne. Des milliers de personnes l'ont apprise de cette manière et ont obtenu des résultats excellents, tout à fait surprenants pour eux, ce qui fait que la plupart du temps on se demande comment il est possible d'atteindre de tels résultats quand on considère le caractère purement machinal de toute l'opération : on compte machinalement, on répète des mots machinalement, on pense sans effort et machinalement, ou même on ne pense pas du tout.

Voici quelle était à peu près l'explication que donnait Coué lui-même de l'efficacité de sa méthode, qu'il nommait l'« autosuggestion consciente », bien que la conscience proprement dite intervînt là aussi peu que possible : Toute la fonction que remplit ici la conscience est de répéter machinalement les mots de la formule ou « suggestion générale », juste assez haut pour que l'inconscient puisse l'entendre. Tout le reste est l'affaire de l'inconscient. L'inconscient interprète ce qu'on lui dit, sans avoir d'ailleurs besoin qu'on lui précise les symptômes conscients particuliers dont souffre celui qui répète la formule ; l'inconscient croit ce qu'il entend et ce qu'il interprète ainsi (la conscience, elle, n'a pas besoin de croire) ; l'inconscient pense tout ce qu'il entend, tout ce qu'il interprète et qu'il croit ; et à la fin du compte, il amène le résultat désiré. Ce que nous répétons d'une manière consciente, à mainte et mainte reprise, l'inconscient arrive nécessairement à le penser ; et ce que pense l'inconscient devient nécessairement vrai, parce qu'invariablement il trouve le moyen de réaliser ce qu'il pense. A mes yeux, une telle explication de l'efficacité que possède en elle la simple répétition machinale d'une formule verbale est compliquée et difficile à admettre. Je me propose de publier prochainement une explication qui me paraît plus simple.

Enfin, les gens aiment beaucoup les belles phrases, et Coué, qui s'en rendait compte, donna au monde son fameux aphorisme : « Toutes les fois qu'il y a conflit entre l'imagination et la volonté, c'est toujours l'imagination qui l'emporte. » Cette phrase enchantait la plupart des gens et Coué la répétait sans se lasser jamais dans ses voyages à travers le monde.

Sans doute, les psychologues la critiquaient, mais en somme elle avait une exactitude suffisante et elle avait d'ailleurs le plus éclatant succès, pour cette raison que d'une part elle donnait une explication des difficultés que tout le monde rencontre dans son expérience et que d'autre part elle semblait montrer comment ces difficultés incontestables pouvaient être surmontées, et cela d'une manière apparemment toute facile. Ceux qui avaient lutté vainement pendant très longtemps contre de mauvaises habitudes ou bien ceux qui avaient sans cesse combattu leurs terreurs sans autre résultat que de les aggraver, on leur disait de ne plus lutter, de ne plus se débattre, et ils apprenaient, en des mots qui semblaient tout simples, ce qu'ils avaient à faire pour retrouver la maîtrise sur eux-mêmes. On peut dire que le monde attendait le message de Coué, et qu'il a conquis le monde par cette phrase qui exprimait son message et à laquelle tous étaient attentifs.

Emile Coué fut un très grand homme, et en outre sa personnalité était tout aimable et toute simple. Pour chacun, la bonté et l'espérance rayonnaient de lui ; peu d'hommes ont exercé avant lui, peu d'hommes selon toute apparence exerceront dans l'avenir une telle influence pour améliorer le sort d'une foule innombrable d'humains. Le monde entier l'aimait, et pour le monde entier, sa perte est sensible, sa perte est grande.

(Traduit de l'anglais par Frank Abauzit)

SOUVENIRS

PAR

HENRI MUGNIER

C'était à la fin de l'hiver de 1916. Charles Baudouin m'avait dit : « Viens donc à 4 heures près de l'Hôtel de Russie, je te présenterai à M. Coué. » Je fus exact au rendez-vous.

Quand, à la fin de l'hiver, à Genève, le soleil se met de la partie, il y a des heures inoubliables à vivre. Et l'on peut dire avec Mme Delarue-Mardrus :

« Genève, teints proprets et prunelles contentes... »

Le bord du lac est un enchantement et, comme disait encore Léon Daudet, « nulle part ailleurs on ne respire si allégrement » ! La lumière est douce, les choses sont claires et nettes, un petit air de bise ouvre les poumons. L'acidité du premier printemps a de la saveur, un peu la saveur du fruit défendu.

C'est donc d'un pas léger et content que je frappais le trottoir de la rue du Mont-Blanc en espérant mon ami et M. Coué.

Coué ! Tout le long du jour j'y avais pensé car, sans le connaître encore, je le connaissais déjà par ce que m'en avait dit Baudouin. Ah ! comme celui-ci aimait ce brave homme de chez lui, de Nancy. Comme il en parlait avec émotion ! Baudouin n'a jamais été loquace, mais il a toujours eu les mots qu'il faut, le mot juste et, parlant de Coué, il le faisait aimer d'emblée... pensez donc, c'était à lui qu'il devait d'avoir pu venir à Genève. N'eût été que pour cela que je l'eusse, moi aussi, aimé...

Les voici. Coué, c'est un homme plutôt petit, quelque peu trapu, qui ressemble à Poincaré avec sa barbiche blanche et ses yeux vifs, mais qui m'a toujours fait penser à Clemenceau. Pourquoi ? Par son allure, sa tournure, sans doute ; sa manière de porter le veston ouvert, le pardessus ouvert, les mains derrière le dos, la tête penchée en avant, poursuivant une pensée, alors que sa cigarette de caporal lui jaunit la moustache.

Il mc sourit, me serre la main, me dit : « Ah ! vous êtes l'ami de ce garçon ? Quelle chance vous avez ! Il fait du bon travail, savez-vous ? Il me rendra glorieux ! » Et paternellement il donne, à Baudouin mal à l'aise, une forte claque sur l'épaule.

Puis nous allons le long du quai, Coué entre nous deux. Nous parlons peu. Après son apostrophe de tout à l'heure, comme réaccaparé par son idée, Coué s'est tu et marche le regard fixant tour à tour le trottoir et le ciel. Nous respectons son silence. De temps en temps Baudouin dit un mot, un bout de phrase qui semblent comme des encouragements à la pensée secrète du maître. Il y a là quelque chose de touchant et de beau. Alors, Coué se tourne vers l'un de nous et sourit de ce sourire qu'on n'oubliera jamais tant il était plein de bonté profonde.

J'ai dit que mon ami m'avait beaucoup parlé de cet homme. En marchant à son côté, je pensais à ce qu'il m'en avait dit et le voyais « en dedans ». La vie que tout être que l'on a en face de soi dégage, était comme amplifiée par l'humilité du sujet, par le tourment buriné entre ses yeux. Car, à cette époque, Coué n'était pas ce qu'il est devenu et je croyais comprendre une peine en son cœur. Celle de ne pouvoir faire tout le bien qu'il désirait faire.

Mais après un moment de marche quasi silencieuse, il rejeta, comme un fardeau, ce qui paraissait l'occuper. Un mouvement brusque de la tête et du bras, une main plongeant dans une poche et qui en retire du tabac et du papier à cigarettes, et le voilà redevenu le Français que chacun a connu, l'homme enjoué, malicieux, bon vivant, bon enfant, gai et charmant auquel on n'aurait su donner un âge, si ça n'avait été la blancheur de sa moustache et de sa barbiche.

Alors on parle de tout et de rien. L'obsession de tout à l'heure est partie. Elle ne pèse plus sur aucun de nous. Il y a de la gaîté dans l'air et sur les visages. Sur la moustache naissante de Baudouin un sourire se dessine et se perpétue, parce que Coué le couve des yeux.

De temps en temps, toutefois, le maître parle de ses malades, de conférences probables, demande l'avis du philosophe, du psychologue. Mais ce n'est que par intermittence. L'acidité bienfaisante de ce premier jour de printemps prend le dessus de la conversation, si j'ose dire, et c'est à celui de nous trois qui dira une bonne blague, qui évoquera un clair souvenir, qui aura pour l'avenir un mot de défi et de confiance heureuse...

Ils ont pris le tramway pour s'en aller à La Chapelle où Baudouin demeure et où Coué va demeurer également pendant son séjour à Genève.

Par les grandes rues, à présent déjà grises de nuit, je retourne chez moi la tête pleine de l'image de cet homme dont la présence, si courte fût-elle, m'a fait un bien immense.

De la douceur, de la bonté, de la gaîté, de la confiance, voilà ce qu'en ces heures inoubliables Coué m'a donné. Pas de cabotinage, pas de charlatanisme comme de mauvaises gens l'ont prétendu, non, un homme sain et honnête devant la vie et les pauvres hommes souffrants, un homme avec les mains ouvertes et le cœur bien en place. Ajoutez à cela une humilité d'apôtre qui lui faisait savoir et connaître au delà de la simple science, quel exemple n'aurez-vous pas !

Depuis ce jour fameux, maintes fois j'ai revu Coué. Ma première impression est demeurée et s'est confirmée et, le jour où il est mort, elle s'est imprimée à jamais dans ma mémoire pour y concrétiser l'image vivante du Bien.

LA MÉTHODE COUÉ
ET L'INCONSCIENT

PAR

le Dr Charles Odier, de Genève

§ I. *Son influence sur les tendances sociales.*

Je saisis bien volontiers l'occasion qui m'est offerte ici d'apporter ma modeste contribution à cette œuvre pieuse. Car, il faut bien l'avouer, plus le couéisme se répandait, en éveillant par sa tapageuse réclame une méfiance croissante au sein du corps médical, plus il convenait aussi d'opposer l'un à l'autre ce regrettable esprit de propagande, d'affairisme, et de fanatisme parfois, que manifestent certains adeptes, à l'esprit philanthropique tout différent dans lequel le maître disparu avait conçu sa doctrine et son œuvre.

Coué, dès le début, se révèle un humanitaire dont la bonté ne le cède qu'au désintéressement. Si bien qu'on peut rester « pour Coué », tout en prenant position contre un certain couéisme suspect et envahissant. Tel l'apprenti sorcier, Coué a déchaîné un sabbat, dont ses successeurs — et pour citer parmi eux le plus compétent et le plus désintéressé, Baudouin — semblent n'être plus maîtres ! Déplorons-le avec eux.

Je me sens d'autant plus autorisé à revenir sur ces faits bien connus que, dès l'apparition bruyante et officielle du couéisme à Genève, j'ai tenté d'en révéler les dangers et l'insuffisance scientifique. Coué, chacun le sait, n'était ni un psychologue ni un psychiatre ; et ce fut là sa grande force, j'allais dire son mérite. L'eût-il été, qu'il n'aurait en effet pu lancer une méthode si simpliste et satisfaisant si peu un esprit rompu aux complexités et aux diversités des problèmes psychologiques ou des états psychiques morbides.

Il fut plus et moins à la fois, ou mieux, autre chose : il fut un intuitif génial. Sans se soucier de l'étude des moyens d'action de sa méthode, ni s'embarrasser des problèmes ou des objections qu'elle soulève, ignorant la dynamique ou la symbolique de l'inconscient, ne sachant pas au juste en quoi consiste un instinct primaire, une impulsion secondaire, un refoulement ou un symptôme hystérique, il va son chemin et se borne à affirmer et à répéter que « l'inconscient, c'est l'imagination », et que, ceci bien établi, il met entre les mains de chacun une méthode efficace propre à atténuer ou supprimer tous les maux. En quoi il se montra plus guérisseur que médecin, plus apôtre ou conducteur d'hommes que savant. C'est en quoi, également, il montra une intuition de génie. Et si je parle d'intuition c'est parce que nous avons tout lieu de croire que cette attitude systématique et judicieuse n'a été de sa part ni calculée, ni même consciente ; bien qu'il aimât se voir attribuer le titre de « professeur » ! Ce fut là, peut-être, son unique faiblesse.

Ceci dit, c'est avec plus de liberté que je pourrai me livrer à certaines considérations sur les désavantages comme sur les avantages de la méthode thérapeutique dont il fut l'inventeur célèbre. Elles porteront uniquement, laissant les mécanismes conscients et superficiels de côté, sur quelques-uns des mécanismes inconscients que son application développe, ou dont elle s'accompagne. J'obéirai, ce faisant, à un désir qui me semble légitime.

Car cette application, pourtant si simple, et si décisive en théorie, n'en met pas moins en branle en réalité toute une série de processus inconscients, de réactions ou contreréactions, que les couéistes en général et en particulier ceux qui ne sont pas médecins ignorent complètement. Or, il est temps, croyons-nous, de les mettre au courant de ces phénomènes importants. Nous espérons qu'à ce titre la lecture de cette brève esquisse pourra les intéresser et les inciter à la réflexion.

On s'est plu, bien à tort, à opposer l'une à l'autre, en tant que méthodes rivales, l'auto-suggestion et la psychanalyse. En fait cette dernière constitue, d'une part, une méthode thérapeutique applicable à un certain nombre de cas définis, en général graves, et dans lesquels le « Coué » se montrerait inefficace. Elle constitue, d'autre part, un procédé d'investigation scientifique pouvant servir à l'étude approfondie de n'importe quel *fait* psychologique ou psychopathologique. Or la méthode Coué qui, elle, est une méthode empirique, entraîne par son application de multiples conséquences psychiques, dont ses succès ou ses échecs sont la preuve évidente. A ce titre, elle répond donc à un *fait* expérimental, à l'étude duquel il est tout indiqué d'appliquer la psychanalyse.

Parmi les nombreuses réactions qu'elle provoque dans l'âme, il en est qui viennent à la connaissance du sujet (ensemble des modifications conscientes). Mais il en est d'autres très importantes dont il demeure totalement ignorant ; ce sont les répercussions inconscientes, celles-là même que Coué n'a jamais expliquées ou qu'il n'a même, croyons-nous, jamais cherché à comprendre.

Arrêtons-nous à l'une d'elles, mise en relief par le regretté Abraham dans une étude substantielle. Il convient naturellement d'apporter certaines réserves jusqu'à plus ample informé aux idées nombreuses qu'il défend dans ce long mémoire, qu'en raison de sa mort précoce des amis se chargèrent de publier d'après des notes inachevées. [1] Mais il semble que, sur un point, il ait vu très juste : « La méthode Coué, écrivait-il, obtient ses résultats, non pas *malgré* la

[1] *Remarques psychanalytiques sur la méthode de Coué*, par K. Abraham. Revue Intern. de Psycho-analyse, XII, 1926.

simplicité de ses moyens, mais bien parce qu'elle fait de l'individu, ou du sujet, un membre d'une collectivité, d'une *masse.*» Prise en ce sens une masse (ne pas confondre avec une foule) constitue une entité psychologique formée par un groupement d'individus que des liens affectifs spéciaux relient les uns aux autres [1]. Dans le cas particulier, il s'agira de l'ensemble abstrait des couéistes du monde entier, ou bien du groupe concret plus restreint des sujets ou des malades qui assistent ensemble à une consultation, à une séance collective [2] de suggestion. Ces liens affectifs spéciaux sont en outre de deux ordres : ceux qui attachent respectivement chaque disciple au maître ou réciproquement les disciples entre eux. Ils se résument en trois mots : admiration (ou amour), foi, obéissance. Ils se colorent souvent de mysticisme.

En quoi le fait moral de l'appartenance à une masse peut-il nous intéresser ici?

Dans leurs ouvrages si remarqués, Le Bon [3], il y a bien longtemps déjà, et se plaçant surtout à un point de vue sociologique ; puis Freud [4] à sa suite, d'un point de vue plutôt individuel et analytique, ont tous deux cherché à montrer l'antithèse frappante qui existe entre le « moi individuel » et le « moi collectif ».

[1] Par exemple l'Eglise, l'armée, la franc-maçonnerie, etc.

[2] Mentionnons à ce propos que la séance collective n'est point une création originale de Coué. Nombre de praticiens y ont recouru avant lui.

[3] *Psychologie des Foules*, chez Alcan.

[4] *Psychologie des Masses et Analyse du moi*, Vienne 1921.

Leur moralité, leurs aptitudes, leurs croyances sont de nature toute différente, celle du dernier éliminant ou pour ainsi dire absorbant celle du premier. Par cette transformation, l'individu est abaissé à un rang inférieur auquel sa volonté, dès lors remplacée par celle du chef qu'il intériorise en lui, va obéir à de nouvelles règles et suivre un courant affectif inverse. Un des éléments les plus caractéristiques de cette attitude nouvelle n'est autre que l'accroissement considérable de la suggestibilité — phénomène collectif dans lequel, nous y reviendrons plus loin, le prestige du chef joue un rôle très important et sur lequel Le Bon avait déjà éloquemment insisté.

Mais dans cette attitude affective et réceptive entrent aussi en jeu d'autres éléments psychologiques mis en lumière depuis lors par Freud et ses élèves. Cette attitude au nom de laquelle le sujet adulte se place volontairement et les yeux fermés sous l'autorité d'un chef rappelle en plus d'un point l'attitude ancienne de l'enfant vis-à-vis du père. Dans sa conception primitive du père, l'enfant se le représente d'une part comme omniscient et omnipotent, d'autre part comme interdisant sévèrement toute satisfaction des instincts primaires.

C'est là une réaction inconsciente importante qui se reproduit également, mais à un degré plus accusé, dans l'hypnose. Le sujet hypnotisé lui aussi recherche inconsciemment chez l'hypnotiseur une direction, un *impératif* perçu comme entraînant l'obligation [1]. Cette obligation en outre est *acceptée* (hypnose paternelle de Ferenczi). Dans ce dernier cas, il s'agit d'un phénomène individuel.

Dans la Couéthérapie, en outre, ce phénomène individuel est renforcé en quelque sorte par un coefficient collectif, c'est-à-dire par le partage de la fascination exercée par le chef avec un grand nombre d'individus. Quand Coué « consultait » lui-même, cette fascination s'opérait directement. Elle opère aujourd'hui indirectement par rebondissement du prestige du chef sur le lieutenant qui le remplace.

Ces faits brièvement exposés, nous pourrons en tirer une conséquence intéressante. Nous la résumerons ainsi : *La formation d'une « masse » humaine affective tend à faire disparaître chez ses membres les manifestations névrosiques.* Cette observation fut courante par exemple pendant la guerre où contrairement à leurs prévisions les médecins militaires constatèrent la disparition des symptômes de névroses souvent graves chez des soldats nerveux, du fait de leur entrée dans l'armée. Il n'est pas malaisé de comprendre, même si l'on n'est pas psychologue, pourquoi une névrose répond, dans beaucoup de cas, à une sorte d'hypertrophie de tendances individuelles, pour la plupart instinctives et hédoniques, dont la morale

[1] Le professeur Pierre Bovet, dans un article remarqué sur « *Les conditions de l'obligation de conscience* » (Année Psychologique, 1921) formule entr'autres la thèse suivante : « La coutume collective crée une obligation intérieure... parce qu'elle repose sur des représentations collectives qui ont un caractère impératif. »

familiale ou, dans la suite, la morale sociale n'autorisent pas la satisfaction. Le symptôme devient alors une sorte de réalisation masquée et autistique (organique ou psychique) de ces tendances prohibées; ou fréquemment aussi, une espèce de protestation contre ce déni douloureux opposé par le monde extérieur.

L'on sait d'autre part que, pour l'enfant, le père représente le premier symbole du monde extérieur. Et si l'enfant n'est pas parvenu à se soumettre à son autorité, à lui céder, à lui consentir certains renoncements (renoncement à la mère par exemple), le germe d'un conflit futur et constant avec le monde extérieur restera déposé en lui. A la suite de circonstances défavorables quelconques, ce germe se développera et donnera lieu à des poussées de névrose.

Or, voici intervenir Coué avec son prestige et sa formule ! Mais il intervient alors comme un maître (un père) bienveillant, un guide aimé et accepté qui ne désire que votre bonheur et votre santé.

C'est pourquoi cette intervention se révèlera à ce point salutaire et efficace. Car l'ancienne image du père, objet fréquent de crainte ou de haine, et entretenant si souvent de fortes inhibitions ou de pénibles sentiments de culpabilité, va faire place à celle d'une autorité *élective* aimée, à laquelle le sujet consentira sans peine et sans révolte le sacrifice de ses instincts primaires. Mais on voit, d'autre part, que cette heureuse solution apportée désormais à d'antiques conflits irrésolus et pathogènes, le conflit œdipien notamment, est conditionnée par une *régression* psychique. C'est là un point capital sur lequel nous reviendrons.

Cette régression à un stade infantile entraîne concurremment l'intervention d'un second et puissant facteur dynamique : celui impliqué dans la conception de la Toute-Puissance de la Pensée. C'est là un principe de nature *magique* qui remonte à un stade plus primitif encore du développement, et que, à côté des fantaisies de l'enfant, nombre de croyances ou de rites de peuplades sauvages illustrent encore aujourd'hui. Nous en retrouvons en outre le reflet visible dans les symptômes de certains névrosés souffrant d'*obsessions*[1]. Or Abraham put constater qu'à ce point de vue, la formule de Coué, véritable « Mana » renouvelée, prenait précisément pour l'inconscient une valeur magique du fait même, soit du prestige du maître qui l'a édictée, soit de la régression que sous-entend ou opère sa doctrine. Celle-ci, on le voit, acquiert une portée imprévue qui dépasse celle d'une simple doctrine médicale. Elle s'assure ainsi une efficience quasi surnaturelle qui lui confère un pouvoir dynamique considérable sur l'âme et le corps.

Telle la loi, jadis, prescrite par un chef divin ou par le père omnipotent ! Mais il s'agit, cette fois-ci,

[1] Exemple : S'il m'arrive de penser à un malheur qui pourrait frapper telle personne, ce malheur arrivera. Si je pense à telle chose ensuite ou accomplis tel acte, il sera conjuré, etc. Les exemples de ce genre abondent dans la névrose d'obsession.

d'une loi agréée et bienfaisante. L'angoisse mystérieuse de l'obligation incomprise, et parfois révoltante, fait place à la révélation d'une approbation, d'une protection et d'une assistance utiles. Au lieu de paralyser, celle-ci communique une nouvelle force.

Mais cette loi nouvelle, le maître ne se borne pas à l'édicter, puis à l'appliquer lui-même : il la met à la disposition de son disciple, en l'engageant à se l'appliquer à lui-même ou à toute autre personne. (Technique de l'auto-suggestion ; leçon d'auto-suggestion, pas très difficile à donner d'ailleurs :) « Tu vois, lui dit-il, tu peux faire comme moi ; tu es semblable à moi ; tu es aussi fort que moi. » C'est là une manœuvre des plus habiles et des plus efficaces ; le fruit le plus génial peut-être de l'intuition de Coué.

En effet, elle autorise, bien plus elle ordonne au disciple ou au malade de *s'identifier au maître*. Il va donc intérioriser sa force et sa maîtrise : les faire siennes. Il devient lui-même l'*autorité*. Il réalise inconsciemment enfin son ancien « Idéal du Père ».

Cette identification psychique pourra donner lieu dans beaucoup de cas à des transformations thérapeutiques nombreuses et importantes. Ne pouvant, ici, entrer dans leur détail, nous n'en mentionnerons qu'une ou deux qui se rapportent à l'objet de notre travail.

Elle tendra, tout d'abord, à atténuer ou compenser les inconvénients inhérents à cet abaissement cité plus haut du niveau et de la valeur de l'individu qu'entraîne son incorporation à une masse collective ou son absorption par elle.

Cette incorporation, nous l'avons vu, comportait une première condition nécessaire : l'identification du néophyte aux autres membres de la masse, c'est-à-dire à un être collectif et abstrait obéissant à la règle et subissant le prestige du chef. Elle était donc, en elle-même, susceptible de produire une infériorisation. Que survienne alors l'identification secondaire au chef, avec tous les immenses avantages qu'elle comporte, et cet inconvénient, qui pouvait être grave pour un sujet souffrant, par exemple, de sentiment d'infériorité, sera neutralisé. Le sujet, qui subissait un prestige, va au contraire l'exercer à son tour. D'où la naissance possible d'une heureuse et nouvelle situation morale que nous dénommerons, d'une façon générale, la « resocialisation du moi ».

C'est cette transformation morale, basée, comme nous le verrons au second paragraphe, sur un mécanisme intrapsychique d'unification, qui tendra dans les cas favorables à faire cesser les manifestations névrosiques d'un individu à la suite de son incorporation à la collectivité affective et thérapeutique des couéistes, ou des « couétisés ».

Sans nous étendre davantage sur ce phénomène si important, nous mentionnerons tout de même l'une de ses causes ou de ses conditions inconscientes, qui pourrait bien être la principale dans beaucoup de cas. Elle revêt, dans tous, une grande valeur psychothérapique. C'est Abraham, semble-t-il, qui l'a décrite le premier ; mais je l'avais observée déjà avant la publication de son article. Elle consiste, en un mot, dans cette notable sédation ou parfois dans cette disparition momentanée des *sentiments inconscients de culpabilité* que l'on peut constater, grâce à la psychanalyse, chez certains névrosés qui se sont soumis à une cure d'auto-suggestion.

Mais ici, il faut s'entendre. Ce concept d'un sentiment de faute inconscient ne paraît-il pas impliquer une pétition de principe ? Un sentiment de faute en effet ne peut exister, qu'à condition que le sujet en soit conscient. Sans cela il n'est pas ; ou bien il est autre chose.

On doit répondre à cette objection que si le terme en question est sans doute malheureux, il n'en répond pas moins à des faits précis et indéniables révélés par la psychanalyse. Celle-ci parvient très souvent à remettre précisément au jour certains processus psychiques déterminés qui, une fois redevenus conscients, prennent tous les caractères d'un sentiment de culpabilité. C'est-à-dire que le sujet les perçoit alors, mais alors seulement, comme tels. Auparavant, par contre, ce n'est pas *coupable* qu'il se sentait, mais *malade*. Il n'éprouvait qu'une sorte de malaise, ou de tension intérieure, dont le fait de subir une cure à la Coué, ou surtout de l'appliquer lui-même, vient le soulager. Mais après comme avant, devons-nous ajouter, il demeure inconscient et du mécanisme qui l'avait rendu malade, et de celui qui l'a guéri. Son guérisseur aussi, d'ailleurs. Il n'est pas sans importance de noter ce fait, car il met bien en relief la différence qui existe entre les moyens d'action mis en œuvre et le but poursuivi par la méthode Coué d'un côté, et ceux de la méthode psychanalytique, de l'autre. Cette dernière, en effet, en rendant le sujet conscient des tendances qu'il refoulait, lui permet de les combattre et de les écarter. En quoi, contrairement à la première, elle mérite la qualification de méthode rééducative.

Cette influence apaisante exercée sur des sentiments de culpabilité prononcés relève de causes complexes et multiples. Nous nous bornerons à revenir sur l'une d'elle, déjà citée, et particulièrement nette dans la Couéthérapie ; savoir ce remplacement de l'image primitive d'un père sévère et « blâmatif » par celle d'une autorité bienveillante et approbatrice, qui vous encourage et vous permet ce que l'on s'était imaginé être à jamais défendu et devoir encourir de graves punitions[1].

Sachant d'autre part que les sentiments en question sont propres à déterminer ou à favoriser un grand nombre de symptômes ou de troubles nerveux, et, une fois mis au jour, d'ailleurs, à les justifier, l'on

[1] Dans des cas différents, la technique de la méthode, par sa répétition surtout, est ressentie par le sujet comme une chose ennuyeuse, voire même un devoir pénible. Tout se passe comme si, en y persévérant cependant, il cherchait à s'infliger une pénitence. C'est alors cette nature *auto-punitive*, toute symbolique d'ailleurs, de sa cure qui contribuera le plus à le soulager de ses sentiments de culpabilité.

comprendra aisément l'importance et la multiplicité des effets favorables produits par leur disparition. Ceux-ci, on le voit, sont loin d'être dépourvus d'une réelle *valeur morale.*

Au cours de l'analyse de certains cas de névroses masochistes ou de perversions, j'ai pu constater une série de faits tendant à démontrer que ce sont les tendances ou les instincts contraires aux exigences de la race et opposés aux lois de sa conservation qui déclenchent ou entretiennent les sentiments de culpabilité les plus intenses, les plus pathogènes par conséquent. Par exemple les instincts dits narcistes, pervers, œdipiens, etc. Or ce sont inversement les instincts primitifs conformes aux lois de la conservation de l'espèce, ceux qui par exemple réunissent toutes les conditions sociales favorables à la procréation, qui constituent la base biologique sur laquelle s'édifieront plus tard les tendances ou les aptitudes sociales. Il serait admissible peut-être de fonder sur ces observations une théorie biologique du principe de moralité, théorie qui s'appuierait, sans l'expliquer d'ailleurs, sur le caractère d'*impératif catégorique* que revêtent pour l'enfant ou pour notre inconscient ces derniers instincts, et de prohibition catégorique, inversement, que revêtent les premiers. Elle s'apparenterait, en les justifiant par une donnée psychologique et individuelle, aux théories sociologiques si intéressantes de Durkheim et Lévy-Bruhl. C'est là d'ailleurs un problème fort complexe que je ne peux qu'effleurer ici.

En résumé, l'influence exercée par la doctrine de Coué ou de ses lieutenants sur les tendances sociales de leurs élèves nerveux sera capable d'entraîner de multiples conséquences thérapeutiques dont la nature et le degré varieront suivant les cas. Nous n'en citerons qu'une ou deux :

Changement général de l'humeur ; reprise de confiance en soi-même et dans les autres, d'intérêt pour eux ; aptitude nouvelle à une activité, à l'initiative [1] ; disparition d'une tendance à la dépression, à l'isolement, à l'inaction, d'une timidité excessive ; suspension de diverses inhibitions, de doutes, d'hésitations ; suppression de sentiments d'infériorité ou d'incapacité, etc. Il ressort, d'autre part, de multiples observations analytiques que la réussite de l'identification au père, chez le garçon notamment, concourt à dénouer nombre de conflits infantiles, la crise œdipienne en première ligne, dans ces cas fréquents de complexes d'Œdipe mal liquidés, par trop négatifs ou ambivalents. Or chez l'adulte et dans certains cas légers, l'identification à une personnalité du monde extérieur sera à même de le réadapter à ce dernier. Pour la première fois, il acceptera, puis exécutera sans résistance intérieure une consigne [2]. Cette attitude inédite pourra lui épargner à l'avenir divers symptômes au

[1] L'exercice stable et persévérant d'une profession ou d'une activité, surtout si elle est rémunératrice, répond en somme à une manifestation sociale.

[2] Selon l'heureuse expression de Pierre Bovet.

moyen desquels il soutenait, jusqu'ici, de manière réelle ou symbolique, une lutte stérile contre toute autorité. Elle reviendrait, en somme, à une sorte de vaccination artificielle contre les poussées aiguës de révolte ou de fuite inconscientes.

Cependant le souci de la vérité nous oblige à déclarer que toute autre méthode basée sur la suggestion peut donner les mêmes résultats[1]. Il nous oblige à ajouter également que la méthode Coué, en vertu de sa notoriété et de son intense diffusion dans le public, présente sur ses sœurs le sérieux avantage de contribuer avec plus d'efficacité à la resocialisation du « moi », cette tâche épineuse entre toutes qu'un médecin quelconque, opérant la suggestion en son seul nom, aura plus de peine ainsi à mener à bien. Elle partage par contre avec elles ce notoire défaut de famille de faire dépendre dans une large mesure la durée et la bonne qualité de leurs effets de celles du « transfert thérapeutique », c'est-à-dire de l'ensemble des réactions affectives et morales, conscientes et inconscientes, du malade à l'égard du thérapeute qui le suggestionne.

[1] La méthode de la suggestion, on le sait, a été appliquée bien avant Coué par des médecins (Bernheim, Forel, Wetterstand, Flournoy, Bonjour et d'autres). Mais quand ce sont des Couéistes officiels et embrigadés qui officient, ces derniers bénéficient certainement par procuration du prestige du maître. Leur pouvoir de suggestion, comme aussi la suggestibilité du patient, s'en trouvent renforcés. En cette matière, la technique du suggestionneur joue un moins grand rôle que sa personnalité.

Or, ces dernières sont exposées plus que celles qui règlent tout autre rapport humain, à nombre de vicissitudes dont dépend malheureusement l'ascendant que le médecin doit en l'occurrence exercer sur son patient. La fragilité plus grande de ce rapport complexe qui les unit l'un à l'autre et qui constitue pourtant la condition essentielle du succès de la cure, provient en grande partie de son caractère *subjectif* et du degré plus marqué d'infantilisme qui s'y mêle. L'un des mécanismes profonds qui en menace le plus dangereusement l'objectivité, et par conséquent l'efficience, sera relaté au paragraphe suivant, où l'on verra en effet que la méthode Coué, davantage peut-être que les méthodes hétéro-suggestives pures, fonde son action sur un « transfert régressif ». Un tel transfert souffrira forcément des inconvénients inhérents à toute régression. Au lieu de donner lieu à une situation affective *nouvelle* et salutaire, adaptée à l'âge et à l'intérêt du sujet, il répond à la *reproduction* d'une attitude ancienne, que ce dernier dans son passé n'avait pas su résoudre ni dominer favorablement.

Quoi qu'il en soit, la resocialisation du moi constitue donc une opération éminemment efficace, qui peut réadapter à un milieu social ou à un groupement quelconque (famille, société, corporation, patrie, etc.) un individu rebelle jusqu'ici à toute réalisation productive et suivie.

La restauration des tendances sociales, si importante soit-elle, ne représente cependant que l'un des côtés de la question. Car elles sont, elles-mêmes, plus ou moins fonction des tendances individuelles instinctives, qui constituent en quelque sorte leur base psychologique et biologique même, et dont elles ne sont souvent que la sublimation. Et cela surtout dans les cas de névroses véritables. Dans ces cas, par conséquent, leur restauration ne sera complète et durable que si elle s'accompagne d'une restauration parallèle de ces tendances individuelles primitives qui les alimentent, les favorisent ou les contrecarrent, de manière variable. C'est là le double but auquel toute vraie psychothérapie doit viser. Le paragraphe suivant sera consacré à l'étude sommaire de l'influence de la méthode Coué sur ces dernières. Il tendra à montrer que cette influence constitue plutôt le mauvais côté de cette méthode.

§ II. *Son influence sur les tendances instinctives individuelles.*

A la lumière de ces faits, il est évident que la question du couéisme change totalement d'aspect. Il devient quelque chose de plus et quelque chose de moins à la fois, en tout cas autre chose que ce que son inventeur ne l'avait supposé ou établi. S'il est vrai que la reconstitution d'un « moi collectif », en vertu des mécanismes indiqués et dont le plus décisif serait peut-être cet apaisement des sentiments de faute inconscients, concourt à résoudre certains conflits pathogènes au sein du « moi individuel », et que, dans ce sens, ce phénomène indistinctement aperçu par Coué lui-même puisse rendre compte des succès éminents [1] de la méthode, il convient toutefois, la probité scientifique l'exige, de relever aussi les ombres de ce tableau en apparence si séduisant. Devrais-je en vérité me faire un scrupule d'insister sur les inconvénients d'une thérapeutique dans un ouvrage comme celui-ci, dédié justement à la si honorable mémoire de son créateur? Ce geste ne serait-il pas indélicat ?

Je ne le pense pas, car c'est bien plutôt un hommage que la critique scientifique a rendu ces dernières années à Coué en portant son attention sur son œuvre. Oeuvre de telle envergure, d'ailleurs, ayant acquis une portée sociale si haute qu'elle devait inévitablement s'imposer tôt ou tard à l'examen impartial des psychologues.

C'est pourquoi, mais à titre de médecin seulement, je me propose de relater ici quelques-uns des résultats auxquels ils semblent déjà être arrivés. J'ajouterai en outre à ce résumé une ou deux réflexions personnelles.

Ceci dit, il me serait difficile de ne pas revenir sur ce mécanisme de la *régression* dont j'ai parlé plus haut et que la méthode de Coué sous-entend, détermine ou favorise, car il s'avère dans bien des cas comme son principal inconvénient. Il s'agit, nous l'avons vu, d'une attitude psychique particulière dans laquelle le sujet rétrograde vers un stade primitif de

[1] Dans certains cas d'agoraphobie notamment, où des guérisons subites stupéfièrent les foules.

la pensée et de l'affectivité assez éloigné de la pensée rationnelle et objective de l'adulte évolué et normal. Un premier trait, déjà noté, de cette régression de caractère infantile serait cette soumission aveugle et irraisonnée à une autorité fascinante, revêtant pour l'inconscient la valeur d'un symbole paternel. Une telle attitude, si elle se bornait à pareille abdication, comporterait de sérieux dangers. Ceux-ci cependant sont compensés, comme j'ai tâché de le démontrer, par la possibilité ou l'injonction donnée au malade de *s'identifier* à cette autorité paternelle ; manœuvre qui contribue à neutraliser les fâcheux effets que développerait sans son concours une attitude à ce point infériorisante.

Mais cette identification compensatrice possède à son tour, à côté de ses avantages, certains désavantages.

Tout d'abord ses heureux effets se révèlent souvent éphémères. Ils sont en effet trop étroitement liés à l'action d'une influence extérieure dominatrice, en fonction d'un processus de *fascination* dont la destinée habituelle est de ne pouvoir toujours durer, car il s'y mêle somme toute un élément indéniable de « mode ». En d'autres termes ils ne dureront qu'autant que se prolongera cette emprise.

Viendrait-elle à cesser que les avantages thérapeutiques obtenus, la guérison parfois, cesseraient avec elle, et que les désavantages, compensés jusqu'ici, reprendraient le dessus.

En résumé, l'attitude psychologique inaugurale que postule la méthode, loin de libérer le sujet du « transfert » comme se le propose par exemple la psychnalyse, le maintient au contraire dans un état de dépendance *subjective* inconsciente qui n'est pas favorable à l'obtention d'une guérison durable ou définitive. En quoi la méthode est sans doute logique avec elle-même, étant donné que cette dépendance conditionne l'efficacité de l'auto-suggestion, mais en quoi cependant elle n'est pas rééducatrice.

Un second trait de la régression, nous l'avons noté également, consiste dans le retour du principe primitif de la *Toute-Puissance* de la pensée, ou plus justement dans sa reconnaissance et sa remise en vigueur.

Ce mécanisme déploie une action beaucoup plus profonde et entraîne des effets beaucoup plus considérables qu'on ne serait enclin à l'admettre si l'on perdait de vue que les personnes qui recourent à la méthode Coué sont des névropathes souvent affligés de sentiments d'*infériorité*. Ces derniers sont alors apaisés par l'acquisition et l'exercice soudains d'une puissance mentale inespérée, d'où parfois ces succès proprement magiques, c'est le cas de le dire, obtenus par l'auto-suggestion.

D'ailleurs, cette expression devenue classique, de maîtrise de soi-même, qui tombe si souvent de la bouche ou sous la plume du maître, définissant un idéal ou une faculté qu'il propose ou impose à ses disciples, reflète bien ce principe de Toute-Puissance.

Quand il décrète devant un malade qu'il suffit de penser, en se le répétant, qu'on va de mieux en mieux pour guérir et acquérir une maîtrise absolue sur l'âme et le corps, ce malade éprouvera avant tout un sentiment de puissance qui s'accompagnera d'une grande satisfaction dans le conscient et d'une grande jouissance dans l'inconscient. Ces sentiments bienfaisants, soit dit en passant, peuvent par eux-mêmes déjà dans certains cas constituer le facteur principal de la guérison ou entraîner un changement si favorable de l'humeur, qu'il passera aux yeux de l'entourage pour l'équivalent ou l'annonce certaine d'une guérison.

Dans de tels cas, l'auto-suggestion agirait donc moins par elle-même qu'en vertu de l'attitude affective préalable où elle plonge le sujet qui va l'opérer.

Mais ici encore cette médaille d'or a son revers. Il réside dans la forme même ou le mode d'application que Coué a donnés à sa technique. Celle-ci, comme chacun sait, consiste à prononcer un certain nombre de formules à caractère « conjuratif » ; puis à les répéter ou les débiter de manière périodique dans un rythme défini et immuable. Or c'est là un procédé ou un comportement qui rappelle à s'y méprendre un trait caractéristique de la « névrose d'obsession ». — Aucun psychiatre n'ignore en effet qu'un grand nombre d'obsédés usent couramment de formules stéréotypées, chacun d'eux se forgeant les siennes propres, mais tous leur prêtant un pouvoir magique : conjuratif, propitiatoire ou expiatoire.

C'est en fait cette qualité imaginative et superstitieuse qu'ils leur allouent qui constitue leur caractère commun et essentiel. Leur but en général revient à empêcher un malheur d'arriver, ou à faire survenir un événement heureux ; en général, leur effet est de faire cesser un malaise intérieur. Un de nos malades, auquel rien ne réussissait grâce à sa profonde désadaptation, répétait à chaque instant : — « Ça va... ça va... »

Un autre, dès qu'il abordait une personne quelconque prononçait deux fois de suite : — « Vous n'allez pas... » — « Vous n'allez pas... »

Or l'analyse montra qu'il convenait d'ajouter : — « mourir » — mot que le conscient de cet obsédé avait supprimé de cette formule impulsive. Ce dernier s'imaginait en effet qu'il pouvait causer la mort d'une personne quelconque, du seul fait de lui toucher la main ! Exemple de Toute-Puissance magique accordée à un acte, mais à un acte accompagné d'une pensée !

Il s'agissait en effet d'un célibataire fortement fixé sur sa sœur ; et qui, à l'époque où elle s'était mariée, avait ressenti de mauvais sentiments contre elle et des désirs de mort contre son mari. Leur refoulement ayant échoué, ceux-ci s'étaient dans la suite, déplacés sur des inconnus ou des indifférents, ce qui leur permettait de ressortir plus facilement et naturellement sous une forme négative. En présence de sa sœur et de son mari, par contre, la formule obsédante ne se présentait pas à l'esprit du malade.

Ce court résumé d'un symptôme d'une névrose

d'obsession suffira, croyons-nous, à mettre en lumière le but réel et le sens profond de ces formules. Elles servent le plus souvent dans l'esprit des malades à combattre des tendances intérieures mal refoulées, de nature agressive ou haineuse, ou encore à conjurer leurs effets imaginatifs. Il serait facile d'ailleurs d'en multiplier les exemples. Les sauvages de leur côté emploient rituellement quantité de formules pour détourner la mort de leur chef ou l'attirer sur le chef ennemi ; dans d'autres ordres d'idées, pour faire venir la pluie, pour faire cesser une épidémie ou chasser des démons (complexes inconscients !) Ces formules sont donc très fréquentes dans l'obsession et rappelons que c'est précisément chez un obsédé que Freud découvrit cette si curieuse survivance ou reviviscence de la croyance primitive en la Toute-Puissance de la pensée.

Comme Abraham le fait remarquer, on a reproché à l'hypnose, et à juste titre parfois, de provoquer l'apparition d'une hystérie artificielle ; lors des célèbres expériences de Charcot sur ses malades de la Salpêtrière, par exemple. Or, un reproche du même ordre pourrait être adressé à la Couéthérapie dans le sens qu'il lui est arrivé de déclencher ou de faire réapparaître une névrose d'obsession artificielle plus ou moins légère[1].

[1] Par elle-même déjà, la technique imposée par la méthode, et à laquelle se soumettent des sujets *obsédables*, peut devenir obsédante. J'en ai vu des cas. Elle peut conduire aussi des sujets prédisposés à l'hypocondrie, à ne plus s'occuper que de leurs maux, sous prétexte de les faire cesser. Sous l'idée qu'un mal passe, persiste forcément l'idée ou la représentation de ce mal.

Et ici l'inconvénient serait même plus grand que là, étant donné que l'obsession correspond à un degré plus avancé de régression que l'hystérie ; d'où le caractère clinique plus grave et plus rebelle de la première, et la facilité relative de guérir la seconde.

Bien avant la publication du mémoire posthume d'Abraham, j'avais déjà observé un ou deux cas dans lesquels des cures renouvelées d'auto-suggestion, bien qu'elles eussent débarrassé le sujet de certains troubles et surtout de troubles organiques, furent suivies de poussées obsessionnelles. Dans l'un d'eux, le sujet avait été débarrassé d'une tendance progressive à l'impulsivité morbide. J'ai gardé alors l'impression que ces malades avaient plus perdu d'un côté, qu'ils n'avaient gagné de l'autre, et qu'en définitive, c'était chèrement payer la disparition rapide de symptômes physiques, quelque pénibles qu'ils eussent été. Car ensuite il s'agissait de guérir l'obsessivité elle-même ; et c'était alors, comme on dit, une autre paire de manches.

Faisant allusion à de semblables complications, Abraham écrivait de son côté : « Ces malades échangent une maladie contre une autre. » Ils y gagneront, si la seconde est plus légère ou plus supportable ; mais ils y perdront dans le cas contraire. C'est alors de la valeur de ce « troc » que dépendra le pronostic. En règle générale les petits malades gagnent, mais les grands perdent au change.

Abordons maintenant l'étude d'un troisième inconvénient de la régression impliquée par la méthode. Il consiste dans un réveil ou un renforcement des tendances dites « narcistes ». Ainsi qu'on l'observe assez souvent, la cure « Coué » tend à augmenter le propre intérêt, déjà prononcé chez les nerveux, qu'ils se portent à eux-mêmes, à leur corps comme à leur âme. Une répercussion immédiate dans l'inconscient de cette attitude systématisée, sera le renforcement corrélatif d'une sorte d'*amour pour soi-même ;* c'est-à-dire d'un instinct très primitif et très puissant qui domine toute une phase importante du développement instinctif du bébé, auquel dans la suite l'adulte normal renonce, auquel l'aliéné succombe, et qu'enfin, le névrosé refoule simplement. Chez ce dernier, où par conséquent ces tendances narcistes persistent toujours à un degré plus ou moins élevé, leur réactivation artificielle ne sera pas sans entraîner des suites fâcheuses.

Au même titre que toute psychothérapie, la méthode Coué exige du malade une part de renoncement à ses symptômes, c'est-à-dire aux impulsions inconscientes qui les déterminaient et dont la réalisation déguisée ou symbolique répondait forcément à un désir, ou offrait une prime quelconque de jouissance.

Au nom d'une loi économique que l'étude profonde du dynamisme psychique nous a appris à mieux connaître aujourd'hui, tout renoncement à un instinct exige une compensation. L'inconscient est toujours enclin à reprendre d'une main ce qu'il donne de l'autre. Il s'évertuera fréquemment à satisfaire un autre instinct que celui auquel il faut renoncer, et même dans certaines conditions psychologiques défavorables, un instinct plus primitif encore ; c'est-à-dire plus avantageux pour lui, mais plus dangereux pour l'individu. Or, l'on peut citer la régression comme l'une de ces conditions défavorables, la plus défavorable peut-être, de même que le narcisme comme l'un des plus dangereux parmi ces instincts primitifs. Un premier contrecoup d'un retour exagéré au narcisme pourra consister à compromettre ou faire échouer l'identification au suggestionneur ou au père idéal, c'est-à-dire l'introduction dans l'âme d'un idéal moral, social et hygiénique de force, de supériorité, de confiance et, disons-le aussi, d'amour. Il en résultera ce qu'on a appelé une pseudo-introjection ou une *identification narciste*. En pareille occurrence, l'attachement primitif et réel à l'idéal du père et plus tard à tout être répondant à cet idéal, sera transposé en un attachement subjectif au « moi idéal », c'est-à-dire à cette propre partie du moi qui s'est formée à la suite de l'introjection de cet idéal, et qu'alors l'inconscient choisit comme objet d'amour.

Il est inutile d'insister sur les graves conséquences qu'une telle transposition peut entraîner. Les sources mêmes de l'affectivité et notamment de la capacité d'aimer s'en trouvent atteintes ou taries. Le sujet, s'aimant avant tout lui-même, se détachera du médecin et de son influence d'abord, de ses semblables ensuite. Ou bien, il les aimera non pas pour eux-mêmes, mais pour soi-même. Il cherchera partout beaucoup plus à être aimé qu'à aimer, à être secouru qu'à secourir, à recevoir qu'à donner. C'est là le type de l'amour narciste qui rend l'individu incapable d'une relation *objective* avec autrui. Or le but principal que toute psychothérapie doit poursuivre, est le maintien ou le rétablissement entre le médecin et le malade de rapports objectifs ; sinon ce n'est pas d'être guéri, d'être délivré de son égoïsme primitif que ce dernier désirera, mais bien d'être aimé par son médecin et de rester de sa part l'objet d'une sollicitude constante et durable.

De toutes façons, si le médecin conserve son influence, elle sera donc de mauvaise qualité, et la cure s'éternisera. S'il la perd, la cure échouera. A moins qu'elle ne soit complétée par une sérieuse rééducation. Mais alors ce n'est plus du Coué pur. Or, un transfert ne devient légitime et efficace que si, après avoir agi, il cesse ou s'objective.

Telle est, rapidement esquissée, la forme la plus répandue et la plus funeste que peut prendre un transfert régressif. Nous voulons dire : la forme narciste, au nom de laquelle le malade se comporte en somme comme un enfant insatisfait et exigeant vis-à-vis de son médecin.

Il peut résulter du dosage respectif et de l'interaction réciproques de ces divers phénomènes d'identification trois situations psychiques principales que je schématiserai grossièrement de la manière suivante :

1. L'élément objectif vrai, à fonction sociale, de l'identification du « moi idéal » *domine* son élément narciste. Le résultat de la cure sera bon. Nous verrons alors naître et se renforcer chez le sujet une force, une confiance, une supériorité favorables, de même qu'au point de vue instinctif l'aptitude « d'aimance »[1].

L'amour jusqu'ici conçu ou ressenti inconsciemment comme « défendu » ou pénible redevient « permis », et même prescrit et cause de joie. Réelle victoire des saines tendances adultes sur les tendances infantiles. Le sujet libéré pourra désormais se fixer sur un objet, l'aimer pour lui-même et satisfaire enfin aux exigences de la race ou, sous sa forme plus concrète, de la société.

C'est dans ce sens élargi qu'il faut chercher à comprendre ce que nous appelions la resocialisation du moi par la Couéthérapie. Et nous disons à dessein : Couéthérapie et non auto-suggestion, car il s'agit là comme on voit d'un processus infiniment plus compliqué que celui d'une pure et simple suggestion à soi-même. Il intervient des processus hétéro-suggestifs bien plus importants, telle, par exemple, cette sédation déjà mentionnée des sentiments inconscients de culpabilité, de haine et d'agressivité ; ne serait-ce enfin que cette action éminente exercée précisément par le prestige de Coué lui-même sur le moi idéal de ses malades et admirateurs.

Nous pouvons tirer maintenant de ce fait une conclusion secondaire mais intéressante, à laquelle le

[1] Ce terme heureux est du Dr Pichon, de Paris.

lecteur aura déjà sans doute pensé. C'est que toute la méthode repose beaucoup plus sur la base d'une hétéro-suggestion (hétéro : autre que soi), que d'une auto-suggestion. Cette thèse que j'ai défendue ailleurs, il y a longtemps déjà, semble s'accréditer de plus en plus. En effet le principe de la guérison par auto-suggestion et celui corrélatif de la Toute-Puissance de la Pensée ont dû, à l'origine, être suggérés à l'humanité par Coué. Une fois investi de son prestige, le maître exerça sur ses patients un ascendant, tournant en réelle fascination pour leur inconscient, et bien propre, en transformant leur « moi-idéal », à obtenir d'eux de renoncer à leurs tendances impulsives pathogènes ou à leur conception de la culpabilité de leur instinct de reproduction.

Or, c'est dans cette fascination même et les transformations intrapsychiques qu'elle opère à l'insu du malade (affection) qu'est impliquée déjà la guérison, et non dans l'auto-suggestion (idéation) qui la suit. — C'est en effet une vérité digne de La Palice d'énoncer qu'une suggestion devient une auto-suggestion quand elle se réalise. L'auto-suggestion comme toute suggestion revient ainsi en définitive à un processus affectif et non idéatif.

2. L'élément objectif et l'élément narciste de l'identification se neutralisent ou se balancent mutuellement. Donc pas de résultat appréciable. Ou bien ils prédominent alternativement. D'où ces cas où, après une guérison passagère et apparente, survient une

récidive ou une complication : l'obsession par exemple. J'ai vu en outre des malades chez lesquels l'alternance renouvelée d'une attitude sociale, à caractère plutôt excitant, avec une attitude narciste d'action plutôt déprimante et isolante, reproduisait fidèlement le tableau connu d'une névrose circulaire.

3. L'élément narciste domine l'élément objectif de l'identification. Résultat donc mauvais. La névrose loin de guérir pourra même s'aggraver. Une désadaptation progressive pourra suivre la cure. Toute méthode suggestive d'ailleurs peut déployer pareils effets fâcheux chez tout individu prédisposé au narcisme.

Résumons à ce propos les idées de Jones [1]. Pour cet auteur, le processus mixte de l'identification concourrait à restaurer au sein de l'âme une *unification* du « moi réel » avec le « moi idéal ». Cette unification aurait pour condition, d'un côté un renoncement à certaines impulsions ou désirs contraires aux lois de la réalité et de la moralité, de l'autre une compensation de ce renoncement par une régression vers la conception infantile du Père-autorité et vers le narcisme ; et de ce fait par une certaine dose de satisfaction accordée à ce dernier. Il s'agirait en somme d'une sorte de conciliation, résultant d'un compromis établi entre des tendances morales et des tendances instinctives adverses. « Lorsque le narcisme d'autre part est

[1] Dr E. Jones, Traité théorique et pratique de Psychanalyse, page 510. Paris 1925.

réévoqué ou réanimé directement (sans intervention d'un suggestionneur, par exemple) on se trouve en présence d'auto-suggestion. Dans l'hétéro-suggestion au contraire, il existe une phase préalable dans laquelle « l'idéal du moi » se trouve ramené à l'idéal antérieur du Père. » A quoi nous ajouterons en manière de correctif qu'il est des cas où « l'idéal du moi » n'est pas ramené à un idéal paternel qui ne s'était pas formé, mais où il peut être directement créé par la suggestion.

Nous assistons donc ici à l'un de ces curieux mais fréquents retours des choses, à un renversement imprévu. Ce qui contribua le plus, semble-t-il, à la vogue et au succès de la méthode Coué fut le mirage de l'efficacité de l'auto-suggestion sur lequel, en toute sincérité d'ailleurs, son créateur la fonda. Or l'application de ce principe séduisant s'avère comme un effet secondaire et même comme un danger.

Le narcisme, on le sait, désadapte de la réalité et favorise l'autisme ; dans les cas extrêmes il prédispose à la schizophrénie. Dans des cas moins graves l'auto-suggestion de son côté prédispose à l'obsession, car la pensée du sujet investie soudain d'un pouvoir absolu sur l'âme et le corps et ramenée ainsi à la croyance primitive en sa Toute-Puissance, inclinera peu à peu à étendre ce pouvoir à toutes sortes de désirs ou d'impulsions réprimés jusqu'ici. Et cela dans un domaine dont la méthode visait précisément à la détourner : celui des tendances haineuses ou agressives anti-sociales (sadisme psychique). Or cette satisfaction idéative et extensive des dites tendances ne constitue pas autre chose que la base de la névrose d'obsession. Inversement l'action hétéro-suggestive directe, exercée par le maître, principe qu'il se plaisait modestement à nier, qui n'était à ses yeux qu'un à côté ou qu'une pure nécessité pratique, se révèle aujourd'hui comme le levier le plus puissant de sa méthode, comme son principal avantage. L'originalité de l'invention était donc moins grande et plus grande à la fois que son inventeur ne l'a supposé.

Il ne nous reste maintenant qu'à dégager de ces faits une conclusion pratique que nous résumerons ainsi :

La Couéthérapie aura de bons résultats dans les cas ou les avantages de l'influence externe du thérapeute (rééducation et socialisation du moi-idéal ; identification objective) *domineront les désavantages internes liés à la régression* (réactivation du moi réel infantile et du narcisme). *Elle en aura de nuls ou de fâcheux quand le contraire se produira.*

Dans cette seconde alternative, on doit donc l'envisager comme une « thérapeutique régressive » en opposition avec d'autres dites « progressives », qui visent à la restauration de l'objectivité sans entraîner pour cela de régression, ou en luttant au contraire énergiquement contre elle. Le premier moyen mis en œuvre pour atteindre ce but consiste à obtenir du malade une attitude objective et indépendante vis-à-vis de son médecin. Pour cela il est nécessaire de lui expliquer, après avoir analysé et compris ce qui se passe en lui, les avantages passagers du transfert mais aussi les désavantages de sa persistance. Une fois ce premier rapport affectif remis en pleine lumière de la conscience et résolu de manière objective, ce malade alors, mais alors seulement, sera mis à même de se réadapter au moyen de rapports objectifs semblables au milieu familial, social ou professionnel, à la réalité en un mot.

Une telle restauration n'est guère possible cependant, si l'on veut, par principe, ne tenir aucun compte de ce qui se passe soit dans son conscient soit dans son inconscient, mais se borner à suggérer immédiatement la disparition de symptômes dont on ne s'occupe pas et dont on veut ignorer la pathogénèse. C'est un peu comme le semeur aveugle qui jette un mélange, qu'il ignore, de bons et de mauvais grains dans une terre inconnue.

Il est vrai que la récolte viendra le renseigner sur son œuvre. Les résultats seront-ils bons? tant mieux. Mauvais? force sera bien de s'adresser alors à une méthode progressive et rééducatrice.

Nous ne nous dissimulons nullement, à vrai dire, que toute méthode médicale, même la plus scientifique, doit faire une part variable à l'empirisme, à l'imprévu, à l'inconnu. Mais c'est affaire de proportion. Or, dans la méthode de Coué cette part nous paraît excessive; c'est là simplement ce que nous avons voulu dire.

C'est pourquoi nous nous félicitons de voir assumer cet héritage un peu lourd par un esprit cultivé, aussi éloigné de tout fanatisme étroit et ignorant, qu'il est ouvert aux problèmes complexes ainsi qu'aux autres méthodes de la psychopathologie. Baudouin, dans ce sens, a rendu grand service à son maître en corrigeant l'empirisme absolu de sa méthode par la série des belles études que chacun a lues.

Et ce n'est pas tant, à mon sens, au moyen d'un resserrement des liens qui unissent les couéistes aux médecins que l'œuvre qu'il a si courageusement entreprise, et qui précisément, a largement contribué déjà à ce resserrement, sera poursuivie avec le plus de fruit, car celle-ci bien que réalisée par un savant non-médecin eut ce résultat paradoxal d'intéresser et de gagner au couéisme, et cela dans tous les pays, un nombre important de médecins sérieux. Mais elle portera ses meilleurs fruits quand tous les couéistes seront des médecins rompus à la clinique comme à la psychologie, et capables par conséquent de surveiller, et corriger avec compétence, toutes les réactions qui se produiront chez leurs malades.

Il va sans dire, hâtons-nous d'ajouter en terminant, que les considérations ou les critiques qui précèdent n'atteignent en rien la mémoire, si digne du respect le plus profond, de ce grand humanitaire que fut Coué, mais dont la personnalité, il faut le reconnaître, fut très supérieure à la méthode.

LE ZÉNITH ET LE NADIR DU COUÉISME

PAR

Eden and Cedar Paul, de Londres

Si nous avons quelque titre à offrir notre modeste contribution pour ce recueil consacré à Emile Coué, ce n'est certes pas comme étant des chercheurs originaux dans le domaine de la suggestion et de l'autosuggestion. Nous avons joué un rôle beaucoup plus humble, celui d'interprètes du couéisme auprès du public de langue anglaise. Cependant nous avons été l'un des chaînons essentiels dans la chaîne de circonstances grâce à laquelle ce mot lui-même de « couéisme » est devenu un néologisme si communément usité. Il est possible que sans nous la renommée de Coué ne se fût pas étendue beaucoup au delà de Nancy ; et sans nous, on n'en peut guère douter, le fondateur de ce que l'on appelle la nouvelle Ecole de Nancy n'aurait jamais été porté aux nues, tout au moins durant sa vie, comme étant l'une des merveilles du monde. En outre, bien que nous ayons été dans cette affaire d'une entière bonne foi et que nous n'ayons rien à nous reprocher, l'engouement et l'enthousiasme pour les idées de Coué qui résultèrent de notre traduction du livre de Charles Baudouin, *Suggestion et Autosuggestion*, ne fut pas au fond une très bonne chose pour Emile Coué et a certainement été nuisible pour la doctrine et la méthode auxquelles son nom est associé. Mais les regrets ne servent de rien. Donnons ici un bref chapitre de l'histoire du couéisme.

Aussi loin que notre mémoire peut actuellement remonter, nous avons entendu parler pour la première fois de Coué et de son enseignement grâce à la série d'articles intitulés « Culture de la force morale » qui commença dans le premier numéro du « Carmel » en avril 1916. L'œuvre de Coué nous intéressait comme psychologues et aussi du point de vue thérapeutique — car l'un d'entre nous, lorsqu'il exerçait encore la médecine, avait de temps en temps, d'une manière réfléchie et consciente, fait usage du pouvoir curatif de la suggestion, et s'était parfaitement rendu compte du très grand rôle joué par la suggestion inconsciente dans toute médication de ce genre qui réussissait. Nous entrâmes alors en rapport direct avec Coué, et pendant une année ou deux, nous fîmes de notre mieux pour trouver un éditeur qui consentît à publier une traduction anglaise de son petit livre : *De la Suggestion et de ses Applications*. Notre tentative fut vaine. Le moment n'était pas favorable, et ce dont le public anglais avait réellement besoin pour éveiller son intérêt, c'était un exposé scientifique des théories et des méthodes de Coué par un psychologue vraiment compétent. Coué, si original qu'il fût dans sa psychologie appliquée, n'était pas un théoricien. Il était, et il est resté jusqu'à la fin, un praticien et un empirique. Un tel homme peut pratiquer avec le plus grand succès, mais il ne réussira jamais à exposer comme il faut une théorie, il n'arrivera pas à se faire écouter d'un public cultivé. Il pourra faire impression comme thaumaturge ; mais son enseignement lui-même laissera froid ceux qui en auraient le plus besoin, s'ils ne le voient pas à l'œuvre, opérant ses guérisons miraculeuses.

Après la guerre, Charles Baudouin, avec lequel nous avions été en correspondance, jusqu'à ce que les exigences toujours plus sévères de la censure aient par trop gêné les communications entre la Grande Bretagne et la Suisse, nous envoya son livre, «Suggestion et Autosuggestion». Nous vîmes tout de suite que ce livre était exactement ce qu'il fallait pour faire connaître au grand public ce nouveau point de vue sur la suggestion, et pour répandre la nouvelle méthode d'autosuggestion. Après avoir frappé en vain à la porte de divers éditeurs, nous réussîmes enfin à convaincre MM. George Allen *and* Unwin que le traité de Baudouin était bien digne qu'ils risquassent dessus quelque argent. Notre traduction parut durant l'été de 1920, sous ce titre: *Suggestión and Autosuggestion.*

Ce livre se vendit admirablement, comme il le méritait de tout point ; mais quiconque est un peu au courant du marché des livres sait bien qu'un succès de ce genre n'est pas toujours le résultat du mérite, et qu'il est bien rare que des traités scientifiques puissent atteindre à une vente considérable dans le public de langue anglaise. En ce cas pourtant le succès fut rapide ; et notre correspondance personnelle est là pour prouver combien son rayonnement fut étendu. Cependant, presque toujours, les lettres de nos correspondants faisaient voir que l'intérêt qu'ils prenaient à la question était pratique et tout personnel, bien plutôt que théorique. Ceux qui nous écrivaient désiraient apprendre d'ordinaire comment ils pourraient entrer en rapport avec Emile Coué, ou bien avec l'un de ses disciples d'Angleterre qui pourrait guider les malades dans leur tentative pour se guérir par l'autosuggestion.

Vers l'automne de 1921, lorsque Coué vint à Londres pour la première fois, le nom de Baudouin était passé à l'arrière-plan, et celui de Coué occupait tout à fait le devant de la scène. On voyait paraître en nombre toujours plus considérable des manuels populaires — hélas! ultra-populaires — d'autosuggestion par la méthode Coué. Aux séances de Coué lui-même, où nous allâmes une fois, l'aspect thaumaturgique de cette sorte de religion nouvelle était extrêmement marqué ; il nous semblait être au milieu de la foule qui descendait il y a presque deux mille ans à la piscine de Béthesda ou bien parmi les pèlerins qui vont aujourd'hui à Lourdes. Ce n'était pas la faute de Coué (ni la nôtre ni celle de Charles Baudouin) mais ce fut son malheur. Et ce malheur était aggravé par la stupide réclame de la presse quotidienne, pour laquelle le couéisme était la marotte du jour. Tout cela ne fit qu'augmenter grâce aux visites suivantes de Coué en Angleterre et à son voyage en Amérique. Les Etats-Unis sont par excellence le pays de la réclame sensationnelle et du charlatanisme. Pour ce qui arriva de l'autre côté de l'Atlantique, nous ne possédons pas d'information de première main ; mais nous savons pourtant que l'engouement pour le couéisme fut suivi là-bas d'une chute aussi catastrophique que de ce côté-ci de l'Océan. L'aboutissement de tout cela pour ce qui regarde spécialement la Grande-Bretagne, c'est que le nom seul de Coué fait naître un sourire sur les lèvres des gens sérieux, et que la doctrine entière de l'autosuggestion est temporairement tombée en défaveur. Et cela ne fit qu'empirer lorsque Coué peu de temps avant sa mort permit l'usage de son nom à un « Institut » qui est surtout une affaire, et qui s'efforce d'exploiter sa renommée en usant des méthodes classiques de la réclame américaine.

Cette décadence rapide s'est étendue toujours plus loin. Elle a englobé même les livres de Baudouin, bien que le nom de Baudouin ne fût en aucune manière directement rattaché au discrédit qui atteignait le couéisme. La vente de l'édition anglaise de *Suggestion and Autosuggestion* s'est tellement ralentie, qu'il n'est guère probable qu'on publie jamais une traduction anglaise de la nouvelle édition, grandement accrue et enrichie, de ce chef-d'œuvre, qui porte maintenant le titre de « La Psychologie de la Suggestion et de l'Autosuggestion ». Quant aux autres livres de Baudouin « La Force en nous », les « Etudes de Psychanalyse », son livre sur Verhaeren, etc., bien qu'ils aient atteint un certain public, et se soient assez bien vendus, ils n'ont pas eu du tout ni en Grande-Bretagne ni aux Etats-Unis un succès comparable à celui qu'ils auraient eu si le grand engouement pour Coué n'avait jamais eu lieu.

Nous croyons même que si la traduction anglaise du livre de Pierre Janet, « Les Médications Psychologiques », n'a pas eu un plus grand succès, cela est dû dans une large mesure au discrédit général de tout ce qui concerne la médication psychologique, ce discrédit ne faisant qu'un avec ce que l'on pourrait appeler le nadir du couéisme. D'une façon assez bizarre, les livres relatifs à la psychanalyse sont atteints eux aussi par cette défaveur du public, bien que la plupart des psychanalystes rejettent la suggestion, pour la raison que là où elle semble donner de bons résultats, ce n'est qu'une illusion, un emplâtre sur une jambe de bois.

Disons pour conclure qu'après tout le temps est le souverain guérisseur. Le noyau solide de l'enseignement et de la méthode de Coué, dont Charles Baudouin est aujourd'hui le théoricien de beaucoup le plus compétent et le plus remarquable, survivra, n'en doutons pas, à la chute du couéisme. Les erreurs ont la vie longue et l'homme est un être qui mord promptement à l'hameçon, aussi bien dans son enthousiasme irréfléchi que dans ses réactions également promptes. Dans un cas comme dans l'autre, il est la proie facile de l'autosuggestion. Mais il y a de bonnes autosuggestions aussi bien que des mauvaises ; des « complexes » bienfaisants aussi bien que funestes. En somme nous avons encore de bonnes raisons pour maintenir la maxime des optimistes : « *Magna est veritas, et praevalebit.* »

La vie et l'œuvre de Coué ont incarné une grande vérité, qui, n'en doutons pas, finira par triompher.

Londres, 1er novembre 1926.

(Traduit de l'anglais par Frank Abauzit)

NOTE SUR ÉMILE COUÉ

PAR

le Dr Gustave Richard, de Neuchâtel

Qu'ajouterai-je, aux pensées de respect et d'affection qu'ont exprimé dans ce volume quelques amis de Coué ? J'ai souvent mis en garde contre certaine simplification à outrance, j'ai critiqué une vulgarisation trop facile de la méthode de Coué, l'homme qui vient de mourir. Ma conscience et ma raison médicales m'y obligaient. Je continuerai certes à user de la même critique et de la même prudence ; mais aujourd'hui je me permettrai d'exprimer l'autre côté de mes pensées à l'égard de Coué, et de dire ce que j'ai admiré en lui malgré tout. Car il y eut certaines choses qu'un médecin critique pouvait admirer en lui. Seulement il ne fallait pas se borner à entendre Coué répéter la « conférence » qu'il avait faite déjà tant de fois dans une forme qui devait convenir aux publics les moins cultivés, mais qui décevait la plupart d'entre nous. Il fallait le voir dans l'intimité, le voir dans sa maison de Nancy, au milieu de ses malades ; j'ai eu ce plaisir et ce privilège il y a deux ans. Ce qu'un médecin critique pouvait admirer en lui, c'était non seulement sa grande bonté, sa patience, cet intérêt humain qu'il portait à ses malades, mais c'était aussi sa perspicacité, sa finesse psychologique, son entrain, son action qui, pour n'être pas des qualités « universitaires », n'en sont pas moins des dons inestimables pour un *guérisseur* (et j'entends ce mot dans son sens le plus élevé), car Coué voulait *guérir*. Ces qualités, on les découvrait surtout dans le tête-à-tête, où le guérisseur, libre de toute prudence, disait au médecin le fond de sa pensée avec une droiture, une ingénuité, un sens du non-connu remarquables. C'est là que j'entendis souvent des : « je ne sais pas »... « je ne m'explique pas la chose »... « à mon avis la chose se passe ainsi »... « je crois »... qui, chez cet homme admiré et encensé, me donnèrent une forte impression de sincérité et de modestie vraie. C'est là que je fus frappé de voir que certaines simplifications, certaines mécanisations, certaines manières de faire qui pouvaient passer à première vue pour des trucs grossiers, avaient pour origine et pour cause une observation psychologique très fine, une réflexion mûrie, une intéressante adaptation à notre nature ; ce qui paraissait être une simplification d'inculte était l'aboutissement d'une longue et fine observation et d'une pensée toujours à la recherche d'une technique mieux adaptée. Oui, la formule simplifiée, la nécessité de la prononcer des lèvres mécaniquement, la ficelle à vingt nœuds, — tout cela était fondé sur des motifs psychologiques intéressants, tout cela était le fruit d'une maturation réfléchie. Cette simplification, cette mécanisation sont-elles justifiées ? C'est une question que nous ne chercherons pas à trancher ici.

Et puis, nous qui compliquons, il ne faut pas trop en vouloir à Coué d'avoir voulu nous simplifier la vie : « Je passe ma vie à simplifier votre vie, disait-il, alors que vous passez la vôtre à vous la compliquer ! » Peut-être était-il sain, peut-être était-il bon et nécessaire qu'à nos analyses subtiles et à notre besoin de tout embrasser dans le détail, on oppose une fois une telle attitude de simplification, qui nous permette de mieux agir. Si Coué a trop simplifié, nous nous chargerons bien de compliquer !

Son but était d'aider. Il n'a pas craint pour cela de paraître naïf ; c'est la marque d'un fort. D'ailleurs, l'importance du symptôme comme avertissement, comme indication d'un trouble profond, soit physique, soit moral, ne lui a pas échappé. Il savait la nécessité de guérir les gens foncièrement, véritablement, et n'avait pas pour but d'apaiser le mal ou de le voiler seulement. Sa formule générale («Tous les jours...») devait remplir ce but ; elle devait faire l'essentiel, et non pas le « ça passe ». A-t-il suffisamment insisté sur ce point ? Ses disciples et admirateurs l'ont-ils tous compris ? Je me permets d'en douter.

L'avenir montrera ce que nous pouvons garder de l'enseignement de Coué ; des hommes cultivés comme Baudouin n'ont pas craint d'éprouver sa méthode par l'expérience et par l'observation scientifiques (car l'observation de Coué ne fut pas scientifique) et retiennent ce qui leur paraît juste et utile ; ils ne craignent pas d'allier cette arme simple et solide à celles, bien plus affinées, de la science officielle. La question Coué reste ouverte. Mais j'ai tenu, maintenant que l'homme a disparu, à inscrire ici mon témoignage positif et dire brièvement ce que j'ai pensé de lui, justement parce que j'ai toujours marqué et demandé de la prudence à l'égard de ses idées et de tout ce qu'on appelle le couéisme.

Car la mort m'a fait comprendre que je m'étais attaché à cet homme excellent et qu'elle creusait pour moi un vide.

COUÉ ET LA PSYCHOLOGIE

PAR

PIERRE SALZI

Professeur de philosophie au Lycée de Sens

Les philosophes de l'Inde ont cru et croient encore que si les hommes s'appliquent à la science de la nature, ils prennent des habitudes de pensée qui les rendent inaptes à la contemplation de leur âme, à la science de l'esprit. Ce n'est pourtant pas ce que vérifie l'histoire du monde occidental. Après les physiciens ioniens, surgirent les initiateurs de la psychologie grecque : les Sophistes, puis Socrate dont les préoccupations devaient bien répondre à celles de ces contemporains si l'on en juge par la foule de ces disciples. De même, l'énorme avancement de la physique du dix-neuvième siècle n'est pas étranger au foisonnement de chercheurs qui, de Maine de Biran à Freud, firent dans l'âme maintes découvertes et y ouvrirent des perspectives entièrement nouvelles. Et très vraisemblablement, si l'on pouvait dresser la chronologie des spéculations hindoues, on constaterait l'action de la même loi dans cette société dont les physiciens avaient déjà conçu la théorie atomique. A quoi tient cette corrélation ? En premier lieu, sans doute, au développement d'une réflexion énergique qui, grâce aux sensations et à la raison, embrasse ses objets d'une manière précise et indéfiniment perfectible.

Or quelle place assigner à Coué dans le foisonnement récent des psychologues ? Il s'est attaché à un seul fait, et l'a envisagé sous un seul aspect : il s'est contenté d'étudier cette forme d'autosuggestion qu'on peut qualifier d'« eudémoniste », puisqu'elle vise à donner le bonheur. Son œuvre a néanmoins une importance qu'il faut ne pas méconnaître.

Au point de vue pratique, sa part fut naturellement des plus belles : qui n'aspire au bonheur, et combien se croient à cet égard très mal partagés ? Il apportait non des médicaments physiques désagréables, souvent insuffisants et qui, au fond, n'en fournissent guère qu'une condition négative ; et non plus une doctrine compliquée, raffinée, à l'instar des moralistes traditionnels, mais une formule très simple, à la portée de tous pour toutes circonstances, recette la plus démocratique qu'on trouvât jamais. Aussi son succès fut immense. Il détermina nombre de guérisons dont certaines firent crier au miracle. Grâce à lui, une forte vague d'optimisme souleva les plus malheureux des hommes, ceux qui n'avaient pas réalisé en eux ce sans quoi tout bien perd sa valeur : la santé organique et mentale.

Beaucoup ont précisément reproché à cet ex-pharmacien de se cantonner dans la pratique, de ne pas faire avancer la théorie du fait mental qu'il utilisait. Comme si, dans toutes les branches, la division du travail n'obligeait pas de plus en plus le praticien à s'en tenir aux théories admises. On oublie trop d'ailleurs l'importance des résultats qu'obtient celui-ci pour la science elle-même. Certes, la découverte du principe de Carnot a servi infiniment plus au perfectionnement des moteurs qu'une très grande amélioration dans les machines alors existantes. Cependant, sans être pragmatiste, on est bien forcé de reconnaître que plus une science a des applications utiles, plus vifs et nombreux se font les encouragements, et plus vivement et en grand nombre s'y vouent les esprits supérieurs. Qu'on songe au développement prodigieux de la physique depuis l'ère du machinisme industriel. Qu'on mesure l'accroissement d'intérêt que la popularité du couéisme a créé à l'égard de la psychologie et l'on en déduira les progrès dont celle-ci lui sera redevable.

Mais — dit-on parfois — Coué n'a fait que recouvrir d'un vernis moderne une antique maxime, chérie déjà des ascètes hindous, reprise par les Stoïciens, et que n'ont cessé de se transmettre les penseurs, de l'Ecclésiaste à Descartes. Il faut se suffire à soi-même, se trouver heureux, n'importe l'état où l'on est placé par l'ordre de la nature. Quelle différence pourtant entre la résignation d'un Epictète et l'élan que donne la confiance en la formule eudémoniste ! Pourquoi, dans une vieille outre, verser un vin si nouveau ? Les uns n'empruntent à la volonté raisonnable que son pouvoir de refrènement, ce sont intellectualistes abstraits qui refusent à l'idée la vertu de féconder directement l'existence, en particulier les vies végétative et sentimentale. Celles-ci seraient-elles en elles-mêmes entièrement séparées de la raison, réprouvées à jamais ? Coué supposa, au contraire, — et en cela fit preuve d'un sûr instinct philosophique — que l'idée doit pouvoir régner partout, même dans les domaines où l'on ne voit pas encore comment elle arrive sans intermédiaire.

Il encourut, il est vrai, des critiques plus exactes. Taisons les jalousies intéressées des médecins et psychiatres dont il réduisait la clientèle. Sa formule n'a point guéri le cancer ni la démence. Et l'on a pu arguer de certains échecs pour tourner en ridicule tous ceux qui avaient foi en elle. Mais y a-t-il une panacée ? Et si un remède est impuissant contre une maladie, faut-il ne pas l'employer là où il serait salutaire ?

Il y a mieux à répondre. C'est peut-être par ces échecs mêmes que Coué ouvrit la voie aux plus précieuses recherches théoriques. On tâche toujours à étendre sans cesse à d'autres domaines un remède à la fois simple et efficace. Et cela oblige à observer de près comment il agit. Ainsi par les limites de son influence sur l'organisme, l'autosuggestion eudémoniste n'amène-t-elle pas à poser en termes d'expérience, et, par suite, à résoudre bientôt la question millénaire des rapports de l'âme et du corps ? D'un autre côté, grâce à elle aussi, Charles Baudouin n'a-t-il pas abordé, avec une précision singulière, le problème jusqu'ici à peine aperçu de l'action immédiate des idées sur la vie mentale ?

Ce n'est pas tout encore. On sera poussé à définir la nature du remède lui-même, la source de ses vertus. La croyance constitue la condition fondamentale de la vie humaine : aux pyrrhoniens, on a toujours répliqué qu'ils demandaient à l'esprit de se suicider ; et Gustave Le Bon explique toute la conduite des hommes par les caractères de leurs croyances. Or l'effet de la formule : « Je vais de mieux en mieux » ne dépend pas seulement de l'objet auquel on l'applique, il semble varier aussi selon la forme et la force de la croyance ainsi exprimée. Il apparaît donc comme le réactif le plus net et aisément observable de l'élément profond de la pensée. Le psychologue ne pourra-t-il pas, désormais, par une voie facile aborder une région presque inexplorée et d'importance capitale ?

Coué ne fut pas un Socrate. Et non plus un fakir. Il ne fit que vivre intensément mais sur un point unique la préoccupation qui, selon Valéry, distingue essentiellement le civilisé moderne de tous autres : le désir de trouver en lui seul une science et une domination absolues du monde et de lui-même.

Sens, 19 juillet 1926.

Socrate fut accoucheur de vérités latentes ; Coué, lui, fut accoucheur de santé latente. Il fallut, pour réussir pleinement, autant de génie à l'un qu'à l'autre. Il faut autant d'intelligence et de modeste docilité pour perpétuer le second que le premier.

Coué fut un homme parfaitement harmonieux. Aucun déséquilibre en lui. L'intelligence et la volonté réglaient dans son être, comme un balancier, et la spontanéité optimiste et la confiance dans la suggestion. De là son calme et son ascendant souverains.

La pensée, disait-il, peut être tour à tour le poison qui tue ou le sérum qui guérit. Apprenons donc, avec Coué, à penser bien ; car il n'y a pas de suggestion saine sans pensée saine.

André Secretan
(Aïre sur Genève)

COUÉ
ET LA PÉDAGOGIE ALLEMANDE

PAR

OTTO SEELING

Dr Phil., Directeur d'Ecole à Berlin

Ce qu'on nomme la psychologie profonde (Tiefenpsychologie) n'a pas encore conquis sa place en Allemagne. Les cercles officiels du corps enseignant et les milieux dirigeants de l'instruction publique sont encore totalement prévenus contre toute psychologie dont les tendances ne seraient pas purement matérialistes; celle que professent les médecins et les représentants de la psychologie expérimentale, dans le sens le plus restreint de ce mot, est seule admise.

Rien d'étonnant, par conséquent, que dans les cercles en question, Coué et son œuvre n'aient rencontré qu'une opposition acharnée. La situation a été encore aggravée au préjudice de Coué par une propagande, pour l'admission du couéisme pédagogique dans la pratique scolaire, — propagande qu'avait entreprise « l'Association Suisse des Amis de Coué » et qui à certains égards, était prématurée. Mais il est probable que la mort de Coué modifiera l'attitude de notre corps enseignant et l'incitera à étudier le couéisme avec moins d'antipathie. Etant donné la mentalité des cercles sérieux en Allemagne, le petit livre de Coué « La maîtrise de soi-même », était l'introduction la plus malheureuse qu'on puisse imaginer pour cette doctrine. Le charlatanisme éhonté de certains « disciples » déloyaux de Coué, s'infiltrant dans le mouvement lent mais sensiblement progressif de la méthode, finit par tout compromettre à nouveau.

Jamais Coué n'a été d'accord avec cet abus de sa doctrine. Pendant sa dernière maladie il chargea Madame Coué d'écrire à l'auteur de ces lignes, qu'un homme prétendant être un disciple de Coué, venait de surgir à Berlin ; or, *jamais* le maître ne l'avait vu à Nancy, du moins sous le nom qu'il portait à Berlin.

Mes rapports personnels avec Coué me permettent de relever ces traits principaux de son caractère: 1. *Un amour de la vérité* si grand, qu'il avouait franchement ses erreurs dans le traitement des maladies spécifiquement organiques, et même l'insuffisance de ses études psychologiques. Il est vrai que cet aveu était compensé par un sentiment de fierté, car c'est ainsi qu'il a pu rester à l'abri des opinions préconçues et apte à cultiver librement ses propres idées. — 2. *Une bienveillance avenante*, se manifestant d'une manière correcte et exacte, avec une joie et une fidélité à l'œuvre, comme on en trouve peu d'exemples. 3. *Une modestie désintéressée*, malgré la possibilité palpable de faire de l'argent avec le couéisme devenu à la mode. 4. *Un jugement objectif* vis-à-vis de toute critique concernant l'œuvre qui lui tenait au cœur.

En ce qui concerne l'importance de Coué pour le monde pédagogique en Allemagne, nous pouvons, en quelques mots envisager la question comme suit : 1. Le domaine de la pédagogie suggestive, plus malfamé en Allemagne que dans d'autres pays cultivés, est redevenu l'objet d'études sérieuses surtout dans les cercles médicopédagogiques. 2. La « psychologie, profonde » qui, grâce à Freud, — pionnier dans ce domaine, — jouit d'une certaine estime, n'est cependant pas du goût de tout le monde (ce sont surtout les natures pharisaïques qui se montrent rebutées à cause de la théorie sexuelle) ; or, grâce à Coué, cette psychologie est mise au premier plan ; on s'y intéresse, mais, dans la grande masse des pédagogues, on craint encore de professer cette branche de la psychologie. 3. L'intérêt pour les questions psychologiques, en général, a pris une extension prodigieuse, surtout parmi la nouvelle génération des pédagogues. On a reconnu qu'une pédagogie, sans base psychologique solide, n'est que routine. Or, pour l'Allemagne les temps ont définitivement passé, où les pédagogues faisaient emploi de « routines ». L'activité scolaire et l'enseignement basé sur l'expérience présument, du même coup, des instituteurs ayant des notions psychologiques sérieuses. Coué ne nous a pas légué de livre qui aurait pu contribuer au progrès psychologique. Ce sont les travaux scientifiques de Baudouin qui résument et interprètent à fond les idées de la Nouvelle Ecole de Nancy. Au risque de chagriner certains fanatiques de Coué, nous sommes obligés de dire que ce sont les œuvres de Charles Baudouin que le corps enseignant devra prendre en considération, en première ligne, pour en faire la matière de conférences d'étude — officielle ou non — c'est ainsi que la mémoire de Coué pourra vivre encore pendant des décades, tout en ravivant l'intérêt pour la psychologie pédagogique. Le plus grand service que puisse rendre un homme, ce n'est pas d'atteindre une vérité suprême et absolue ; c'est d'être un éveilleur, qui secoue la torpeur de son temps, suscite des travaux et des recherches, et exalte ainsi la fécondité de l'esprit humain. C'est bien là ce qu'a fait Coué. Aussi a-t-il droit à la gratitude des hommes, — et en Allemagne non moins qu'ailleurs.

(Traduit de l'allemand par Sophie Lorié)

EN SOUVENIR D'ÉMILE COUÉ

PAR

le Dr Franz Völgyesi
Médecin en chef et Neurologue, de Budapest

> « *Vincit qui se vincit !* »
> « Le vrai vainqueur est celui qui se vainc lui-même. »

Sur la photo que j'ai devant moi, produit de mon kodak, lors de mon séjour à Nancy l'été dernier, je vois la figure souriante d'Emile Coué, ce vrai type français, plein de bonhomie. Il est là, sous les sapins magnifiques de son petit jardin.

J'ai cherché à le connaître ; plusieurs raisons m'y poussaient. La première, la plus importante, a trait à certaines nouvelles lues dans des gazettes, après la grande guerre. J'y ai trouvé la constatation d'un fait que j'ai eu l'occasion de vérifier maintes fois au cours de ma carrière médicale, fait qui est cependant *en contradiction avec les principes scientifiques de notre faculté de médecine.*

Ce principe, que je viens de découvrir de nouveau, est le suivant : la *psyche*, ou plutôt les actions psychiques jouent dans la vie de l'homme un rôle si important qu'elles ne se bornent pas, comme on l'a cru jusqu'à maintenant, à influencer les maladies psychiques fonctionnelles, les maladies « des nerfs » ou « imaginaires » comme on les appelle vulgairement. *Elles influencent aussi les maladies d'ordre organique et sont à même de modifier un état physique donné.*

Tandis qu'ici, dans mon pays, on repoussait cette théorie, qu'on l'attaquait même à grand renfort d'arguments, je me suis mis à étudier les cliniques pour maladies nerveuses d'Autriche et d'Allemagne. Au cours de mes voyages d'étude, j'ai pu faire cette constatation intéressante que malgré ce que j'ai vu chez Albert Moll à Berlin, dans les cliniques du professeur Iserlin à Munich et ailleurs encore, presque partout, dans des institutions importantes où l'on applique l'hypnose et la suggestion comme moyen de guérison, le point de vue auquel se place le monde médical officiel est au fond le même que chez nous : ou la pédanterie allemande n'admet pour les traitements médicaux que l'instrument du chrirurgien et les observations faites en clinique, ou l'on se borne à renvoyer les malades atteints de maladies « psychiques », « de l'imagination » ou « fonctionnelles » aux neurologues, dont c'est la spécialité. Mais ces neurologues sont imbus eux aussi de « l'éthique des médecins ».

Il n'y a pas de nos jours de médecin neurologue, de spécialiste en psychiatrie ou de docteur pratiquant la médecine générale, qui ne reconnaisse l'hypnotisme et la suggestion comme facteurs essentiels de la science médicale moderne et de la psychologie. Il ne se trouverait en revanche aucun spécialiste, neurologue ou psychiatre, osant enfreindre les règles de l'éthique médicale et surtout celles de sa spécialité pour tenter de traiter exclusivement par la thérapeutique psychologique des maladies purement physiques.

Poursuivant mes recherches dans la littérature médicale, j'ai pu me convaincre que les conceptions des cliniciens modernes anglais et français sont très différentes en principe de celles des cliniciens allemands et autrichiens. Le fait est que les cliniciens français et anglais se sont bien davantage préoccupés de la *psyche* de leurs malades que leurs collègues allemands. Il y a et il y a eu dans les pays occidentaux des psychiatres généralement fort courus, comme par exemple John Dunkan Quakabos en Amérique, Hack Tucke en Angleterre, et jusqu'à un certain point Wetterstrand à Stockholm, surtout Liébault à Nancy, qui, tout médecins diplômés qu'ils étaient, ont traité des milliers de malades atteints de maux organiques exclusivement par la méthode psychique et en ont démontré la possibilité dans leurs écrits. Les auteurs de ces livres, publiés il y a 25 ou 30 ans et plus peut-être, n'étaient pas des cliniciens, mais de simples médecins dont la parole manquait d'autorité dans les cercles officiels. Seul, Liébault de

Nancy a réussi à découvrir un clinicien aussi dépourvu de préjugés que l'était Bernheim, *avec lequel il a pu s'associer pour fonder la première école psychiatrique d'hypnose-suggestion.* C'est de cette école qu'est sorti Freud, qui devait fonder plus tard la Psychanalyse.

L'invention du chloroforme date de l'époque où florissait l'hypnotisme-suggestion. Auparavant on se servait de l'hypnose surtout en guise d'anesthésique. Mais tous les médecins n'étaient pas hypnotiseurs et par l'hypnotisme on ne pouvait pas endormir n'importe qui comme à l'aide du chloroforme, c'est à dire en l'amenant sûrement à l'état d'insensibilité complète.

L'hypnotisme dut en conséquence céder le pas à un procédé plus certain. C'est ce qui explique pourquoi on l'a entièrement abandonné et peu s'en fallut qu'on l'oubliât complètement. Il faut cependant reconnaître qu'il y a 25 ou 30 ans de célèbres professeurs de notre pays, Donath, Ranschburg, Schaffer, Hudovernig, ainsi que des professeurs morts depuis cette époque, Lauffenauer, Högges, Jendrassik et Moravcsik ont écrit sur l'hypnotisme et la suggestion des ouvrages de premier ordre. Ces livres, à l'exception de celui de Schaffer, sont écrits en hongrois. Mais, comme je l'ai dit précédemment, ces mêmes professeurs, tout neurologues qu'ils étaient, n'ont pas daigné étendre leurs soins aux malades atteints de maux nerveux. Le développement de la doctrine de l'hypnose et de la suggestion s'est partout arrêté là. Il a fallu les grandes souffrances de la guerre mondiale pour la ressusciter. En pleine guerre tout médecin guérit où il peut et comme il peut, et c'est ainsi que tout naturellement on en vint à appliquer la suggestion, lorsque tout autre moyen manquait. C'est à partir de ce moment-là que les méthodes d'hypno-suggestion ont réapparu dans le monde entier.

Cependant Coué fut, à ma connaissance, le premier qui, convaincu de l'efficacité de sa théorie, en donna la preuve par des guérisons qui se comptent par milliers. J'ai ouvert tout à nouveau la question sur ce sujet dans mon pays, mais je n'ai pas réussi jusqu'à présent à y intéresser suffisamment l'opinion et à faire reconnaître ce que Coué a si souvent proclamé en public : qu'une âme saine habite dans un corps sain, mais qu'une âme malade rend le corps malade ; et encore qu'une âme en bonne santé peut guérir un corps malade. Ce qui signifie que l'état de l'âme est de la plus grande importance.

La psychologie physique est une des plus récentes branches de la science de la nature. La science se développe, mais ce développement n'est pas fondé sur le hasard, ni sur le principe de continuité. Le progrès scientifique dépend de deux facteurs d'égale importance : il exige, d'une part, un observateur sagace qui puisse se servir d'une connaissance acquise pour en tirer d'autres découvertes ; d'autre part, il importe qu'il soit capable de vulgariser la nouvelle découverte en la mettant à la portée de tous. Une découverte dont la société humaine ne bénéficie pas ne vaut pas mieux que si on en avait jeté la description dans une corbeille à papier. Cette corbeille peut contenir en grand nombre des documents scientifiques de valeur ; si personne n'en a connaissance ou ne peut y toucher, ils sont sans valeur aucune pour le public.

Coué est né en France ; il a été élevé à Nancy, précisément dans cette ville où a pris corps la doctrine hypno-suggestive. La Psychophysique qui dérive de la psychologie expérimentale a échoué malgré tous les espoirs qu'on avait fondés sur elle. On a pu constater qu'il est vain d'analyser et de décomposer, de mesurer les manifestations de la *psyche* — la promptitude de ses réactions, les manifestations extérieures de ses sentiments, de son affectivité — cela ne nous avance en aucune manière. Nous aboutissons au même résultat qu'en examinant soigneusement les différentes parties d'une machine excellente, mais compliquée ; nous pouvons mesurer avec la plus grande exactitude le poids de ses vis, des différentes pièces qui la constituent, son poids spécifique, sa résistance, etc. ; nous pouvons connaître à fond tous ces détails sans être à même cependant de nous former une idée sur le fonctionnement de la machine.

La psychologie suggestive-hypnotique nous assure en revanche des précisions dans le domaine des sciences expérimentales, elle nous ouvre dans le domaine de la psychologie et de la psychothérapie un champ d'action dont nous ne pouvons à l'heure actuelle mesurer l'étendue. La psychologie psycho-physique expérimentale se restreindra toujours à l'extérieur, tandis que la psychologie fondée sur l'hypnotisme nous donne les motifs des fonctions intérieures de l'âme.

Nous ne cacherons pas notre conviction que c'est à l'esprit français qu'est dû le développement de cette branche de la science, fondée plutôt sur l'intuition, et que c'est lui qui l'a portée à son plus haut degré. Et pour prouver cette assertion, nous n'aurons qu'à citer des dates tirées d'ouvrages allemands.

En 1888 Max Dessoir a publié la Bibliographie de l'Hypnotisme moderne [1]. Il énumère 481 auteurs et 801 publications. Suivant la statistique contenue dans ce volume de 87 pages, sur 801 publications, il s'en trouverait 102 en langue anglaise, 88 en italien, 69 en allemand, 22 en danois, 47 en différentes autres langues. En français il n'y en aurait pas moins de 473, toutes œuvres originales. Ce qui revient à dire que la France à elle seule en a plus produit que tous les autres pays ensemble. Bien que le catalogue ne soit pas complet, ce nombre de 473 publications en langue française placé en face des 69 publications en allemand est très significatif.

[1] MAX DESSOIR : « *Bibliographie des modernen Hypnotismus* », Berlin 1888, Duncker-Verlag.

Coué est le vrai représentant de cette tendance de la psychologie française; il a eu un double mérite: il a non seulement reconnu la valeur pratique de cette doctrine, il n'en a pas seulement découvert le facteur le plus direct, le plus important, *la signification primaire de l'autosuggestion*, mais il a montré comment en faire une étude consciente ; et ce qui importe le plus, il a su par le charme qui se dégageait de sa personnalité, en fondant *la Société Lorraine de Psychologie appliquée*, par ses discours, par son Bulletin, par ses ouvrages, faire connaître dans le monde entier la possibilité de guérir, de soulager les maux de l'humanité. Si l'on a pu reprocher à sa doctrine d'être unilatérale, personne ne pourrait faire ce reproche à sa pratique. Aujourd'hui, aucun de ses adversaires, aucun de ses envieux, ne pourra nier qu'il est aux antipodes de ces savants dont Liébault, ce premier grand pionnier de la psychologie suggestive, a dit qu'ils étaient « plus amis de la science que des souffrances de leurs semblables »[1].

[1] Le Dr A. Liébault : *Le sommeil provoqué et les états analogues.* Paris 1889, Octave Doin, éditeur, 8, Place de l'Odéon. Préface.

UN SOUVENIR...

Un souvenir insiste ce soir : une de ces images brèves et précises où se ravive dans toute sa fraîcheur une certaine minute privilégiée ; chacun de nous connaît ces sortes de souvenirs ; tout leur contexte est vague, souvent même perdu ; mais de cette minute où rien pourtant ne s'est passé, tout, après des années, est demeuré vivant : la couleur de la lumière et le son des paroles. Rien ne s'est passé, tel est notre jugement. Mais notre être profond, mais cet inconscient dont le maître aimait tant à parler, en jugerait autrement. Il faut bien admettre qu'aux yeux de ce moi plus secret, de telles minutes sont parmi les plus importantes, encore que nous ne parvenions pas toujours à discerner le pourquoi d'une telle prédilection.

C'était à Neufchâteau, la petite ville des Vosges, proche de ce Domremy où naquit Jeanne d'Arc. On était en 1915, et l'orage du canon menaçait du côté des montagnes. J'avais organisé, au théâtre municipal, avec l'aide courtoise du sous-préfet, et sous l'œil bienveillant du principal du collège, une conférence d'Emile Coué. C'était une des premières fois qu'il portait la bonne parole hors de Nancy, et encore n'était-ce que dans le département voisin, où d'ailleurs on ne le connaissait guère et où, quant à lui, il se souciait peu d'être connu.

Mais j'arrive à cette minute élue entre toutes par mon souvenir. C'est le soir — un soir de printemps — Nous descendons cette venelle qui essaie d'être droite, et qui doit s'appeler la Grand' Rue; elle a une odeur honnête de bourgade française; on y croise des uniformes. Coué n'est pas pressé (je ne l'ai jamais vu pressé) et nous allons à pas lents, en devisant. Il parle de quelques bonnes gens à qui il a « appris à se guérir ». Je dis bien: ce ne sont pas des cas, *ce sont des* gens, *qu'il aime dépeindre avec leurs traits propres, leurs façons de s'exprimer, leur accent, leurs petits travers, dont il s'égaie non sans y mettre une extrême bonté. Et il ajoute, comme sans y prendre garde:*

« Voyez-vous, il y a dix ans, je n'avais pas énormément de goût à la vie, j'aurais accepté de mourir sans le moindre regret. Maintenant, c'est différent. Quand je vois le bien qu'on peut faire, cela m'intéresse beaucoup, je l'avoue. Et je dois constater qu'à présent j'ai joliment envie de vivre. »

Et il n'avait pas l'air de se douter que cela était très beau. Il me dit encore:

« Vous avez commencé à faire de la suggestion, vous verrez, cela ne vous lâchera plus. Moi non plus, quand j'ai commencé, je n'aurais jamais pensé que cela prendrait quelque importance dans ma vie. Et

vous voyez! Voilà que vous me faites faire une conférence à Neufchâteau! »

Car visiblement l'aimable sous-préfecture était alors pour lui le bout du monde.

Ces paroles, quelques autres peut-être, dans l'atmosphère de la fraîche venelle gentiment affairée, en dépit du canon: — voilà ce qui m'a fait, je crois, comprendre Coué, comme je ne l'aurais sans doute jamais compris si je l'avais rencontré seulement dans les années de sa popularité, où des managers *trop zélés ou trop cupides ont réussi à donner de lui une idée si déplaisante, et si opposée à sa vraie nature! C'était d'une telle évidence, ce soir-là, que Coué ne nourrissait pas même la plus innocente ambition! Je puis en témoigner, je crois, mieux que personne, puisque c'est moi qui ai cru devoir le déterminer, au début, à se présenter résolument devant le public. Lui-même ne le cherchait aucunement, et à ceux qui lui reprochent de s'y être complu, je répondrai seulement que s'il y eut là une faute, je la prends volontiers sur moi! Quant à l'idée de «faire de l'argent», elle n'eût pas effleuré son esprit. Il était seulement enchanté, comme un enfant, d'avoir trouvé un moyen de faire tant de bien, et il était un peu étonné de découvrir tout le prix que cela donnait à l'existence. Ce disant, il continuait de descendre doucement la venelle, roulant peut-être une cigarette.*

J'oubliais... Il disait encore:

« Et vous ne sauriez croire combien les gens sont facilement ingrats. Quand ils sont guéris, ils savent

que je ne veux pas d'argent, mais je leur demande instamment, pour tout salaire, de me donner de leurs nouvelles, parce que cela m'intéresse. Eh bien! c'est une chose que je ne peux pas obtenir. Il faut que, six mois après, je rencontre mon bonhomme de paralytique sur sa bicyclette pour être assuré qu'il va toujours bien.»

Mais jamais je n'ai entendu parler de l'ingratitude humaine avec une tranquillité si exempte d'amertume, avec une si indulgente bonhomie. Cela était peut-être bien le plus extraordinaire de tout. Coué était de ceux aux yeux de qui la bonté est vraiment le sens de la vie, se suffit à elle-même, et n'a nul besoin d'être payée de retour. Si chacun de nous interroge ses souvenirs, il se convaincra bien vite de n'avoir pas rencontré souvent de tels êtres.

C. BAUDOUIN

Genève, 5 juillet 1926

LAUSANNE — IMPRIMERIE LA CONCORDE

TABLE DES MATIÈRES

www.ingramcontent.com/pod-product-compliance
Ingram Content Group UK Ltd.
Pitfield, Milton Keynes, MK11 3LW, UK
UKHW022102260726
13993UKWH00001B/281